稳定盈利终极算法

THE ULTIMATE ALGORITHM
FOR STABLE PROFITABILITY

高维牛 著

中国发展出版社

图书在版编目（CIP）数据

稳定盈利终极算法 / 高维牛著. —北京：中国发展出版社，2023.1（2023.8重印）

ISBN 978-7-5177-1330-2

Ⅰ.①稳… Ⅱ.①高… Ⅲ.①股票投资—基本知识 Ⅳ.①F830.91

中国版本图书馆CIP数据核字（2022）第220150号

书　　　名：稳定盈利终极算法
著作责任者：高维牛
责 任 编 辑：葛　伟　梁婧怡
出 版 发 行：中国发展出版社
联 系 地 址：北京经济技术开发区荣华中路22号亦城财富中心1号楼8层（100176）
标 准 书 号：ISBN 978-7-5177-1330-2
经 　销 　商：各地新华书店
印 　刷 　者：北京市金木堂数码科技有限公司
开　　　本：880mm×1230mm　1/32
印　　　数：7
字　　　数：150千字
版　　　次：2023年1月第1版
印　　　次：2023年8月第2次印刷
定　　　价：48.00元

联 系 电 话：（010）68990535　68360970
购 书 热 线：（010）68990682　68990686
网 络 订 购：http://zgfzcbs.tmall.com
网 购 电 话：（010）88333349　68990639
本 社 网 址：http://www.develpress.com
电 子 邮 件：10561295@qq.com

版权所有·翻印必究

本社图书若有缺页、倒页，请向发行部调换

前言

PREFACE

地狱与天堂之间

在金融市场进行投资、交易，如果不能实现稳定盈利，在一个地方小赚几次，又在另一个地方大亏几笔，陷在盈、亏的不确定性中无法彻底摆脱，终究只是一个微不足道的"赌徒"。好一点的结局是浪费了时间、虚度光阴；更有甚者则是倾家荡产、一事无成。

只有能实现稳定盈利的投资、交易，才可以获得持续发展，成为一项正常的事业——投资者付出自己的资金、知识和精力，获得相应的收益并得到社会认同，实现自我价值。

所以，在市场中实现稳定盈利，对于交易者来说是第一重要的大事。如果不能解决稳定盈利的问题，所有在资金和精力上的投入都是在做无用功。随着本书对这个问题进行终极探讨并提供清晰的解决方案，必定会减少很多无知导致的亏损，也将造就新的一批专业投资者。

中国的股票、期货等金融市场成交额规模巨大，"从业人员"数量众多。与此同时，交易者在股票、期货市场的投资行为却长期未能作为一项正常的职业被人们广泛认同，甚至被看作"不务正业"和"赌博"。

在现实世界中，金融市场的"从业人员"规模之大与社会认同度之低形成了一组强烈的反差。如果以人们最熟悉的房地产行业、餐饮业、社会消费品零售业为参照，对这种反差会有更直观的认识。以2021年为例，全国的商品房成交总额是18万亿元，餐饮业的成交总额是4.7万亿元，社会消费品零售总额是44万亿元；而A股市场全年的成交总额超过257万亿元，期货市场成交额则超过580万亿元。

数据说明一切，规模如此巨大的金融市场，其庞大的"从业人员"群体在现实生活中社会认可度却比较低。究其原因，无非是绝大多数交易者无法实现稳定盈利，导致荒废了时光、损失了资金。而一旦出现可以稳定盈利的交易者，原来的"不务正业之徒"立即成了令人羡慕、高大上的"投资精英""成功人士"。可见决定这个"行业"属性的，并非金融市场本身，而是交易者是否能够实现稳定盈利。

一种职业，只要具备了专业技能，付出了必要的成本和劳动，实现稳定盈利完全是正常回报。例如广大的工薪阶层以及各个行业的企业经营者、个体经营者，减去成本之后只要总收益长期为正就是稳定盈利。只有金融投机市场与众不同，稳定盈利似乎成了奢望。谁实现了稳定盈利——这在其他行业本来是一件稀松平常的事,而在二级交易市场居然被认为是"神乎其技"。

之所以会如此,是因为这是由金融市场的基本性质和绝大多数普通交易者的素质共同决定的。一方面,市场变化的基本性质是"不确定性",投资交易这门学科事实上是综合性最强、最尖端的学科;另一方面,进入这个市场的交易者,大多数人既缺乏专业精神又希望一夜暴富。这个行业相对于其他行业,拥有最不"称职"、最良莠不齐、鱼龙混杂的"从业人员",只要有一张身份证就可以"营业"。市场的变幻莫测与交易者专业素养的缺失,再加上只想一夜暴富的贪婪,令现实与理想之间鸿沟巨大。

从专业人士的角度,交易市场的稳定盈利是完全可以实现的。虽然市场上涨、下跌变化的不确定性足以令冀望通过追求胜率而战胜市场的努力化作泡影(何况绝大多数交易者即使是追求胜率,所用的思路也是缘木求鱼,不得要领),但市场在关闭这道门的同时,却在另一个方向上提供了通向稳定盈利的通道,只是绝大多数人没有洞察到这个层面——投资者可以跳出市场上涨、下跌的波动,完美绕过"不确定性"这一障碍。通过对账户"盈""亏"结果的操控,致力于构建盈亏比例优势与胜率优势,便足以实现稳定盈利。

市场上涨、下跌具有不确定性,所以在交易中亏损是必然发生的,盈利也是必然发生的,唯独稳定盈利不会必然发生。在人性的弱点与极度不专业的操作下，多数人虽然曾经盈利，但最终都以大幅亏损结束，获得的是"稳定亏损"。

按照一般的数学常识，在一个上涨、下跌的概率各为50%的市场里，总体亏损与总体盈利的概率也应该各为50%，但事实上市场里70%以上的账户出现了"稳定亏损"。这个现象其实非常有意思，至少它在逻辑上强有力地证明了即使在一个"不确定性"市场，也完全可以实现某种倾向的"确定性"——能稳定亏损，显然也是"确定性"的一种。

"夏虫不可语冰、井蛙不可语海"，鉴于大部分人没有长期稳定盈利的体验，如果直接切入关于"稳定盈利"的正题，有人会认为这是在画饼。他们从自己有限的经验出发，会认为在一个"不确定性"的市场，不可能存在某种"稳定性"。但是真理往往可以在常识中得到无可辩驳的证明——由于很多投资者都有"稳定亏损"的亲身体验，因此干脆就先从这里谈起。

"稳定亏损"的具体含义不是说所有交易都会100%亏损，任何投资者都有盈利的时候，连续多次盈利也很常见，但是最终账户的总体收益是亏损的，而且是长期的"稳定亏损"，直到本金大幅缩水、无力再战而退出市场。

"稳定亏损"具体是如何发生的？把这类投资者的交易统计分类后可知：他们大部分交易的结果是小幅盈利和小幅亏损，这两者总体上会相互抵消；但如果胜率较低，亏损总额将大于盈利总额。由于市场变化具有不确定性，而这类投资者又缺乏专业素养，其决策往往来自主观臆测并受到心理因素的严重干扰：遇到亏损的时候，他们在"厌恶损失"以及"回本"心理的驱动下，长期持有亏损的仓位甚至加仓，最终产生大幅亏损；与此同时，在持有盈利仓位的时候却急于兑现收益，小幅盈利即结束交易。

从以上可知，无论交易过程中盈利以及亏损的具体次数分别是多少，只要投资者历次交易亏损的总和大于盈利的总和，其结果必然是总体亏损。因此决定账户收益终极胜负的，不是某几次交易的成败，而是盈利总额与亏损总额的大小之比。投资者由于认知上的错误以及执行上的"知行合一"，在不确定性市场无意中实现了亏损的"稳定性"，即亏损总额远远大于盈利总额。

"稳定盈利"与"稳定亏损"，不过是同一个问题的两面。以大量已经实现了"稳定亏损"的投资者为例，他们并不全是输给了胜率，根本原因是输给了盈亏比例。因此只需要反其道而行之，建立有利的盈亏比优势就可以到达这个问题的另一面——"稳定盈利"。甚至不必回避在市场变化的不确定性中必然出现的错误或亏损，只需要在交易中一方面把亏损幅度限制在极小范围之内，另一方面放大盈利幅度，当盈利总额减去亏损总额，两者之差长期为正便是"稳定盈利"。

"稳定盈利终极算法"看似轻描淡写，其关于盈亏比与胜率优势的构建，实际上触及了一切不确定性市场最隐蔽的唯一解。因此它一旦被读者初步掌握，效果也是立竿见影的。如下图，仅以几位普通读者的股票交易记录为例（期货、外汇同理），可以较直观地说明有利的盈亏比是如何实现的。

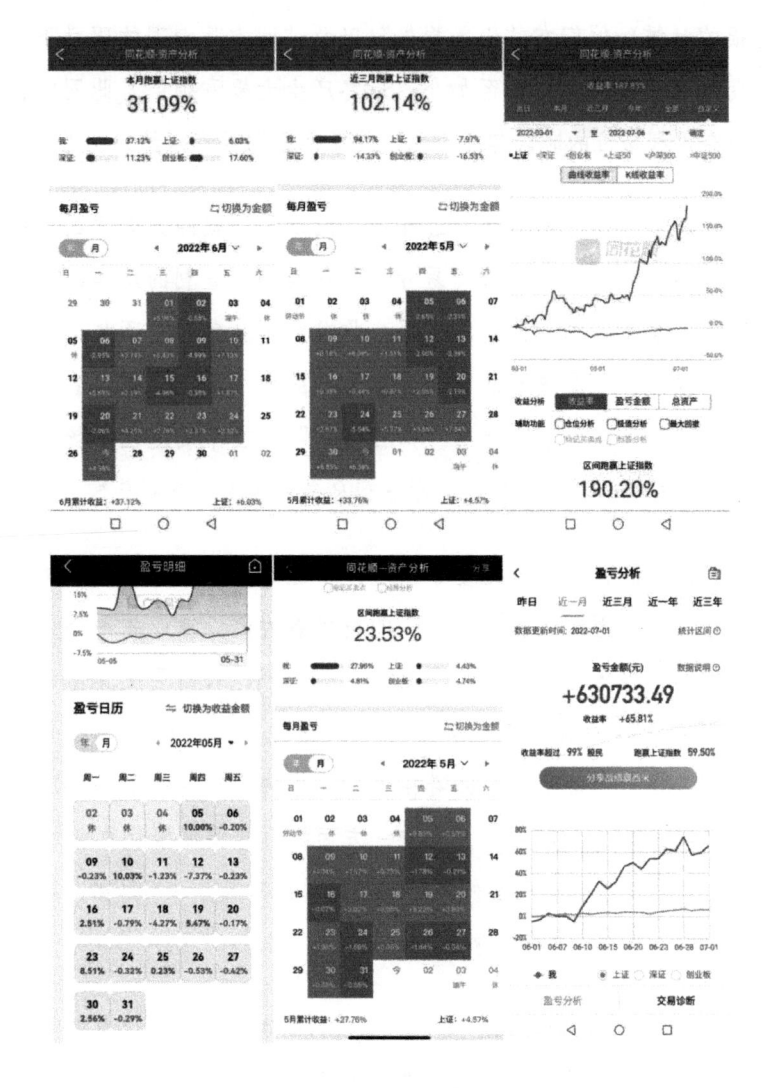

由大幅盈利与小幅亏损、小幅回撤所构成的月收益曲线

亏损是不确定性市场的必然产物，因此实现稳定盈利的重点不在于消除亏损，而是通过专业的操控，把亏损幅度以及回撤幅度限制在盈利幅度之下。因为决定账户终极胜负的不是单笔交易的盈亏，而是盈利总额与亏损总额的大小之比。

由上图可知，要实现以月为单位的稳定盈利，盈亏比优势是决定性的第一因素，胜率是次要的第二因素。当胜率较大时，较小的盈亏比优势就可以完成总体盈利；即使胜率较低，只需要放大盈亏比例，照样不影响总体收益为正。

以"盈亏比"的数学战略为纲，以实现基本面、走势面、市场情绪三大视角的"胜率优势"为辅，其逻辑上的千钧之力足以把桀骜不驯的市场降服——由终极算法提供的"认知正确"，结合自身的"执行正确"，将得到盈利的"稳定性"。投资、交易因此被改造成一分耕耘、一分收获的常规职业，并以全胜的资金管理目标在市场中博弈，不再具有神秘性和极大的风险性。但其中有一个隐含前提，就是投资者自身要具备理解并运用"稳定盈利终极算法"的基本思辨能力、执行力。

投资、交易这个行业，通过仓位的买、卖差价获利。与其他行业一样，本质上都是商业贸易，以此促进社会资源的优化配置。市场里的投资者对于"稳定盈利"几乎是梦寐以求，只是不得其门而入。但现实中大多数人又是"叶公好龙"，担心这样"真龙"如果出现，岂不是会把市场的资金全部赚光？

这种杞人忧天的想法是脱离实际的：稳定盈利仅仅在投资行业因其难得而稍有神秘性，在其他行业则是平常的现象。小到经营了几十年的路边摊、街边小卖部、城市中心的超市，大到供应各类生活必需品的企业、上市公司乃至世界500强企业，等等，大多数一直在稳定盈利，也没有谁把市场上的资金全部赚光。因为行业规模、企业的市场占有率、管理者的精力与能力、竞争者的参与以及经营的时间周期、利润水平、成本因素等都存在着瓶颈，会给予其天然的限制。维持稳定盈利的现状犹如逆水行舟，稍有松懈就会后退；而亏损如同自由落体，不需要外力推动便可以跌落。

金融市场的活跃对促进经济发展无疑具有重大贡献，在金融市场的竞争中实现稳定盈利，不过是让投资回归本来面目，与其他行业一样成为一项平常的工作。但它意味着财务自由与人身自由，与"稳定亏损者"的处境相比犹如"天堂"。

"稳定亏损者"，严重缺乏投资者应具备的专业素养，只凭毫无依据的臆想和信马由缰的欲望在市场里梦游，长期陷在"盈利—亏损—盈利—巨亏"的恶性循环中不可自拔，在引人误入歧途的错误知识上耗费生命。越做越错、愈行愈远，终究不可救药，失去所有。"稳定亏损者"，贪嗔痴、怨憎会、求不得等人生大苦魔障缠身，犹如在"地狱"中煎熬。

在这地狱与天堂之间，其重要分界线就是"稳定盈利终极算法"。终极算法的第一个功能是帮助具有冷静思辨能力、自律能力的投资者实现稳定盈利，把充满不确定性的金融投资、交易改造成一项可以获得确定性收益的普通工作。

但在金融投机市场的广大"从业人员"中，总会有一些人无论如何努力也无法找到市场的节拍。在"全胜"的资金管理目标下，此类"从业人员"如果不能实现稳定盈利，就不要参与交易。所以，终极算法的第二个功能是劝退。对读者来说，如果连"终极算法"都不能让他实现稳定盈利，那还有什么能够让他实现？不如尽早退出市场、减少亏损，去其他行业发挥自己的聪明才智以建功立业，以免坠入无边地狱。因为如果不能把握"稳定盈利"的要点，投资、交易就会陷入巨大不确定性，无法成为一项可以持续发展的事业，会令所有努力都是徒劳。

因此，无论是从启发、指引有缘的读者实现稳定盈利的角度，还是从劝告某些不适合金融市场的交易者迷途知返，减少无知导致的损失的角度，《稳定盈利终极算法》都将成为一部深刻、经典的著作。如果读者能在阅读之后，理解书中的要点，并在实践中知行合一，或为他人讲解书中的原理，或以举手之劳分享、传播此书，都是赠人玫瑰，手有余香的善举，其获益远远大于任何单笔交易的盈利。

关于"稳定盈利"如何实现，这是一个专业性极强的"超级问题"，值得用一本书的篇幅来阐述。其具体的原理和方法，都将在本书的正文中得到详细解答。

目录

CONTENTS

第一章 确定性的建立——盈亏比

第 1 节 定义 ······ 2

第 2 节 市场的基本性质 ······ 9

第 3 节 盈亏比 ······ 16

第 4 节 盈亏比之要素 1：累积性 ······ 26

第 5 节 盈亏比之要素 2：前置性 ······ 32

第 6 节 盈亏比之要素 3：内核性 ······ 36

第 7 节 遍历性 ······ 62

第 8 节 最短推理链 ······ 69

第二章 胜率优势

第 9 节 局部确定性 ······ 82

第 10 节 基本面 ······ 104

第 11 节　走势面以及技术分析的起点 ········· 123

第 12 节　K 线的走势结构 ····················· 128

第 13 节　操作的精度 ··························· 147

第 14 节　市场情绪 ······························ 159

第 15 节　交易的作风和思想 ··················· 174

第 16 节　稳定盈利终极算法纲要 ············· 197

后　记 ··· 203

第一章
确定性的建立——盈亏比

第1节　定义

基本概念的再次定义非常有必要，它是构筑本书框架的最小子单元，在本书中，它们极大概率会有新的内涵。

市场

"市场"在本书指股市、期货、外汇等金融衍生品的二级交易市场。因为它们的内在逻辑具有高度同构性，在操作原则上属于同一大类。本书主要以股市为例，解构交易深层逻辑，深达语言、思想的极限，由此建立稳定盈利终极算法。其基本的操作原理、算法规则，除股市之外，也适用于期货、外汇等交易市场。

交易

交易是投机者作为一个经济人在金融市场上的博弈行为，其行为动机是试图实现账户收益最大化。从交易的视角看，一切市场参与者都是投机者。投资、投机两种称谓只有操作层面交易周期、目标偏好的差别，没有行为动机方面的根本差别。

外界信息通过交易者的精神世界生成个性化决策。能对市场价格构成影响的具体交易行为只有两类：买入、卖出。资金的买入，汇聚成做多的力量；筹码的卖出，汇聚成做空的力量。

市场参与者

市场参与者包含但不限于交易者。交易者，即在二级交易市场投入资金、自主决策、盈亏自负的投资者，其用自己的买入、卖出行为表达对市场的看法；与此同时，也对市场价格施加对应的影响。

除交易者之外，能对市场价格施加影响的，还有其他力量，例如政府、监管层、评估机构、现货市场、传统媒体、自媒体、企业界专业人士、财经界意见领袖等。任意个体或单位，只要关注市场动向，其言论、行为能影响市场交易者的决策，对市场价格波动产生直接或间接影响的，都属于"市场参与者"。

人们向来认为，"市场参与者"的一切知识都必须依照市场，但是对这个问题一直都存在截然相反的看法，例如对同一个事件，有的人看多，有的人看空，却都认为自己是对的。因此同一个价格波动，可能造成完全相反的盈亏状况——证明了市场参与者的知识往往并不依照市场，即并不存在一个刚性的"客观"，这正是一个著名的哲学断言"世界是我的表象"的最佳注脚。

人们用有限的理性和有限的知识处理市场信息，决定了"市场"往往要颠倒过来，去满足市场参与者有限的判断力。在此之外，人们没有更高的能力来判断自己的"判断"是否正确。所以，市场参与者的判断经常是错的。

例如，在习惯性空头眼中，一切信息都倾向于判断某个价格会下跌；在习惯性多头眼中，即使是同样的信息，也会倾向于判断价格一定上涨。

所以，市场波动本质上是市场参与者内心世界的波动。

稳定盈利

稳定盈利必然基于某种已经掌握的确定性。任何交易系统，只要它的决策依据具有不确定性，例如仅仅寄望于某种选股方法、某种分析工具，希望通过持续的判断正确而成功，稳定盈利就不会实现。因为交易者对市场涨跌的判断，其准确度并没有确定性。

即使是隐蔽的、微小的确定性，如果把它提炼出来，重复运用，其威力也是无限的。确定性的1元，在一个交易规模可以放大的系统里，其威力可以大于不确定性的1亿元。

例如，一瓶水、一瓶饮料，在销售渠道中不过只有1元利润的确定性；支付平台一笔交易的手续费，也只有1元利润的确定性。所以，仅仅依靠卖瓶装水、卖饮料、赚手续费的上市公司，凭借单笔交易微不足道的确定性收益，只要维持巨大的交易规模，每年净利润规模超过十亿元、百亿元的司空见惯。

与之相反，在投资界绝大多数人没有掌握任何一种确定性，对市场的不确定性、博弈性、复杂性认识不足，过度依赖某种分析市场涨跌的肤浅决策工具，过度自信，身处不确定性中而不自知。即使调度以亿为单位的资金，偶尔大幅盈利，但经常巨额亏损；如果遭遇极端行情、爆仓、清盘的个人或机构投资者更是层出不穷。

综上所述，盈利能力表达公式如下：

$Y_{max} = QG \, (G \geq 0)$

可以速记为：盈利能力（Y）=确定性（Q）×交易规模（G）。

G为交易规模，即"交易频率"（单位时间内交易笔数）与"资金规模"二者的乘数。若二者中任意一个为0，即$G=0$，则有：$Y_{max}=0$。

由公式表达的内在关系可知，长期盈利能力只与两个因素相关："确定性（Q）"与"交易规模（G）"。其中确定性（Q）有正负值，且在一定时期是一个常量。

当 Q 为负值，则 Y_{max}（盈利能力）为负数，且交易规模越大，该负数绝对值越大。如果依据某个"伪确定性"而不自知，交易频率越高，亏损越多；资金规模越大，亏损越多——这已经被现实所证明。

因此在交易中，交易频率、资金规模并不是决定因素，确定性（Q）才是唯一的"决定性"因素。只要 Q 为正值，即使很小，由于 $G \geq 0$，由 $Y_{max}=QG$，可知盈利一定是正收益；如果 Q 为负值，交易规模 G 无论大小，得到的都是负值。

市场上从来不缺因巨额亏损破产的投资巨头。所谓"巨头"的"巨"，经常是"巨"在交易规模上，以毫秒、纳秒为单位的高频交易，或以百亿元、千亿元为单位的资金规模。如果交易的起点 Q 存在逻辑漏洞，再大的交易规模，在这个盈利能力公式里也一文不值，只不过是让崩塌来得更壮观而已。

大多数交易者所犯的错误，就是不去重点解决确定性（Q）的问题，或者根本没有意识到有这个问题；即使知道，也无力解决，简单地认为只要提高交易频率，或者通过重仓、杠杆融资、借贷、募资等手段放大资金规模，就能离成功更近一步，实际上却是南辕北辙，距离目标更远了。

所以，稳定盈利的情形用公式表示就是 $Y_{max}=QG$（$G \geq 0$）。其中，$Q>0$，即确定性为正值，便可获取长期正收益，且保持复利增长。

该公式简洁的结构，如同质能方程 $E=mc^2$（E 表示能量，m 是质量，c 表示光速常量，$c=299792458$米/秒）。由于 c^2 是一个天然的极大值，即使质量 m 取一个较小的值，也足以爆发无与伦比的核能量。

由"确定性"与"交易规模"的乘数关系可知，只要解决盈利确定性的问题，就可以通过放大交易规模，把这个公式隐藏的巨大潜力变现。在资本过剩的时代，这一点不存在根本的障碍。由于复利作用，可以获得核能级盈利威力。

因"确定性"是"终极算法"主要的解决对象，笔者会用大量的篇幅来介绍它。按照先易后难的次序，这里先讲一下另一个乘数——"交易规模"。

情形之一，是提高交易频率。例如小资金高速成长为大资金，多数是基于某个确定性交易系统，通过标准化高频交易获得的。即使这个确定性很微小，但通过更长的时间也足以弥补。

情形之二，是放大资金规模。全世界成功的私募基金、公募基金、职业投资公司，包括国内、国外著名的基金经理、职业交易者，几乎均以募集客户资金的方式来放大交易的资金规模，用微小的确定性获取较大的投资收益。通常，他们的投资共性是交易频率低、年化收益率并不突出，但庞大的资金规模弥补了这些不足，获取的总收益金额很大。

情形之三，是两者兼有，即较高的交易频率和较大的资金规模并存。

对于一个确定性系统，交易规模并非可以无限放大。当交易规模达到或超过某一临界值，会对该确定性系统造成负面影响。犹如大象、鸟类的体重不能无限增加，否则大象会压垮自己的四肢，鸟类将无法飞翔。

此时就需要主动控制交易规模。例如交易频率太高，会导致胜率优势降低；资金规模达到某一临界值，由于自身体量，交易成本提高，反应节奏降低，并且受到流通市值、成交量、换手率、市场波动幅度、个人风险偏好改变等因素的影响，增长速度必然放缓甚至停滞。

稳定盈利在现实世界中有多种渠道可以实现，本书所讨论的一系列问题，是指投资者在二级交易市场的稳定盈利。有关其他方式实现的稳定盈利，例如股权交易、通过注入优质资产改造股票基本面、玩金融"魔法"高位套现甚至侵吞国有资产等非法手段实现的盈利"确定性"，那是一级交易市场里的故事，不在本系列的讨论范畴之内。

第2节　市场的基本性质

定理一：市场变化的基本性质，是不确定性。

市场变化的结果是价格的上涨、下跌，由全体参与者的合力决定。

价格走势上的所有波动，无论幅度大小、持续时间长短，都是每一位交易者权衡自己所掌握的信息后，进行充分博弈的结果。

由交易的自由性、博弈性、复杂性可知，市场中任意交易者长期正确预判市场上涨、下跌是不可能的。这已经由数百年持续至今的市场现实所证明。

市场的基本性质，是建立交易系统的起点。这个起点的差别，决定了不同交易系统的根本差别。为什么无数交易者穷毕生之力追寻稳定盈利的"圣杯"而不可得？

因为他们的逻辑起点就错了，没有意识到"不确定性"是市场的基本性质，或者对"不确定性"的含义认识不足。他们追寻的方向，是试图发现导致市场行情上涨、下跌的某种隐蔽的确定性；少数几次成功之后，便将其奉为必然规律，希望据此操作来实现"稳定盈利"。

正如任何观点都有不同看法一样，对于市场上涨、下跌的不确定性，总会有人心存幻想，认为可以通过某种精妙的方法，在判断涨、跌方面实现确定性。例如基本面分析、技术分析、内幕消息、龙头战法、跟风所谓的"庄家"、听信"专家建议"，甚至其他神秘的稀奇古怪方法，等等，导致许多错误的行为，最终使交易以大幅亏损收场。

市场价格任意一个微小波动，都是相应的资金买入、卖出行为所导致的结果。任意股民N，他的交易决策都是他自己的性格、动机、行为习惯、经验知识、期望值、情绪状况、资讯信息、资金实力、反应速度等一系列内、外参数综合影响的产物，并与市场状况、行业环境、走势位置等变动因素相互叠加产生。由因果关系可知，如果要准确预判股民N的买、卖行为，就要掌握与股民N投资决策相关的所有参数。

由此可知，对于各位市场参与者来说，市场上涨、下跌的不确定性，其逻辑证明如下。

市场由全体参与者组成，每一个参与者是市场的一个分力，都参与、塑造了市场价格。

设全体参与者决策能力为集合 A，即市场本身；个人交易者决策能力为 n。显然 n 为 A 的子集，$n \in A$，且有 $n1$，$n2$，$n3$，$n4$，…，nx。

截至2022年，中国股民的开户数量已达1.9亿户，设中国交易账户总和为 X，账户数取保守的数字1亿户。

由以上可知，假设有特殊的市场参与者 N_1，可以准确预判市场 A 并达到长期稳定性，则此参与者的决策能力 $n1$ 必须满足假设：$n1 \geq A$。

即个体的决策能力大于或等于市场决策能力总和。显然，它与 $n \in A$ 矛盾，假设不成立。如果有另一种特例，例如任意专业的投资团队 Y，研究员可以是100人或者更多，例如1万人，假设是否成立？

即该团队决策能力为 $\sum_{Y=1}^{10000} n_Y$。而市场决策能力总和为 $\sum_{X=1}^{1 \times 10^8} n_X$，且 $Y \in X$，可知：Y 投资团队决策能力小于市场决策能力。

结论依然维持不变，几乎任何人以及团体在市场面前都天然具有认知不完备性。当他参与市场的时候，仅仅是市场的一个分力。所以任何决策单位都不足以破解市场价格上涨、下跌的不确定性。

相对于市场全体参与者的庞大基数，无论是1人还是1000人，都是极小量，差别几乎可以忽略不计。这一事实亦为资本市场数百年的现实所证明。汇聚了世界一流精英的专业投资机构全军覆灭的案例，数不胜数。

把以上逻辑转换为一个通俗版本，可以把市场分析能力用"身体体重"替代，意思就是，在一个有1亿人的班级里，属于这个班级的任何个体，其体重不可能大于全班同学体重的总和，即使他是超级大胖子或小团体同盟，其体重相对于班级总重量，依然可以忽略不计。

虽然市场在某些时间段、某些事件节点表现出高度的行为趋同性，构成延续的趋势，但其本质上只是随机事件中出现了"连续的随机"，并不等于趋势的延续有确定性。这种片面的、暂时的"伪确定性"，亦不足以推翻市场变化的不确定性。"牛市"或者"热点题材"连续性上涨，引来大量交易者把某些投资方向当成"确定性"，一旦市场共识瓦解，后续接盘的量衰竭，大量资金被高位套牢，这种情况正是"伪确定性"的最好注脚。

众所周知的"顺势交易"，就是假定"趋势延续"是"确定性"。事实证明，它仅能因此获得"胜率优势"，因为走势趋势随时可能"转折"，并不能凭此实现确定性，只能实现局部"胜率优势"。

如果把局部的当成全面的，把暂时的当成规律的，必定会因此付出代价，具体情况如下：

已知：$Y_{max}=QG$（$G \geq 0$），当Q为正值的时候，资金账户连续盈利，将得到一个不断增大的资金规模$G1$，甚至加大资金杠杆，由于交易系统把盈、亏建立在对赌走势上涨、下跌上，其不确定性并未消除，出现判断错误是必然的（Q为负数）——此时毫无疑问会得到一个较大的负值。

即：$-QG1=-Y_{max}$（交易规模越大，亏损越大）。

现实已经证明，一个基于不确定性交易系统的偶然得利，会导致交易者极度自信，误把它当作确定性，并因此放大交易规模，然后不可避免地掉进不确定性陷阱。

巨大亏损是怎么发生的？是怎么避开人的戒备心理，完美越过交易者的风险防线的？正是曾经坚信的某个"规律"、关于基本面或者关于技术面的依据忽然不"灵验"了，付出代价后才意识到错误已经为时已晚。

市场变化的基本性质，一直是不确定性。无论交易者是否意识到，它过去、现在如此，未来也如此。

由市场变化的不确定性，可以证明以下命题。

引理1：不确定性并不会导致完全的错误，必然包含着正确的部分。

基于市场价格上涨、下跌的不确定性，如果存在完全的错误,那么该错误的反面就相当于完全正确。事实上,100%的完全错误无疑是另一种确定性;如果把它作为反向指标,岂不是与确定性没有差别?但在现实中这是不存在的。

向空中抛硬币,落地后硬币会有正面或反面朝上。究竟是哪一面朝上,具有不确定性,因此判断每次硬币落地究竟是哪一面朝上,无法做到完全正确。

但是,如果要求每次判断都是错的,同样困难,必然也无法做到,它总会有一定概率的正确。对于概率性事件的判断,即使是超级计算机,与随机的傻瓜相比,也未必有更高的准确率。所以,如果把稳定盈利的希望都寄托在准确分析、预判市场未来行情上面,最终会发现,其结果是令人失望的。

只要参与交易,其结果只有两种可能:盈与亏。由于错误必然发生,如果预设自己每次的判断都具有可错性,必然意外收获正确——这正确的一部分,存在重大应用价值。

引理2:实现稳定盈利所需的确定性,必然不能直接建立在市场价格上涨、下跌的不确定性上,必须有包容错误的能力。

种瓜得瓜,种豆得豆。仅把投资的依据建立在不确定性的上涨、下跌上面,得到的结果一定是不确定性。

因此在"上涨、下跌"与"账户最终收益"之间,需要添加一个设置,来阻断市场变化不确定性向整个交易系统的传导。

实现稳定盈利所需的确定性，应当由数学算法保障它的成立，而不是由基本面分析、技术面分析等概率性结论来保障。如此才能树立起牢固的、不受市场波动影响、稳定长久的确定性。

有时候确定，有时候不确定；在此处确定，在彼处又不确定——性质不稳定的确定性，都是伪确定性，等同于不确定。不确定性的后果，就是不能据此实现持续复利增长，资金永远暴露在未知的风险中，并且风险程度会随着交易规模的放大而放大。

一切没有解决确定性的交易策略，都不具备可靠的盈利能力。只不过是碰运气，永远在无常的盈、亏中沉浮。其投资生涯的结局都是梦幻泡影，竹篮打水一场空。

确定性与不确定性，是一个问题的两面，解决了不确定性的干扰，就自动获得了确定性。

第3节　盈亏比

命题1：能有效消除市场变化不确定性干扰的，有且只有盈亏比。

交易的目的是实现账户收益最大化。但账户的终极收益与市场涨、跌变化可以相等，也可以不相等。

例如在一轮下跌中，股票价格下跌了50%，有的人账户资金也下跌了50%；有的人账户资金只下跌了5%就撤出了；有的人持股仓位只有10%，其亏损甚至会远远少于5%。

在一轮上涨中，股票价格上涨了60%，有的账户资金也上涨了60%，而有的账户资金只上涨了6%就平仓了。

由以上可以知道，每次交易结束后，或盈利，或亏损，盈利金额和亏损金额大小之比就是"盈亏比"，账户收益的终极胜负是由它决定的——只要盈利金额总和大于亏损金额总和，账户就是盈利的。

所以，市场涨、跌的不确定性，并不影响账户总体盈利可以建立确定性。

从社会管理的角度来说，公民的行为具有不确定性。每天都有感动人心的善良行为发生，也有为非作歹的犯罪事件。一方面，人民警察会在第一时间以雷霆手段打击犯罪恶行，把它的不良影响控制在最小范围；另一方面，媒体宣传机构和教育机构则坚持正确的舆论导向，弘扬道德高尚的善行，把他们的正面影响扩大到最广范围，通过"惩恶扬善"，实现社会管理总体上文明、友善的确定性。

天气有阴、晴、雨、雪，也是不确定性。晒衣服只有晴天才可以，人们并不会因为天气的不确定性，把衣服晒得时干时湿。雨天会立即收衣服，只会在晴天连续晾晒，通过这种合目的性的选择，阻断了天气不确定性传导到衣服的干湿，最终所有人穿在身上的衣服全是晒干的，获得了确定性。

人们日常所用的电力，其重要来源之一是水力发电站。一年四季，洪涝和枯水季轮动交替，地表水流量丰欠也是不确定性。但在现实操作中，并不会因此把水流量的不确定性传导到用户终端，导致输出的电流时有时无、时大时小。通过修建大型拦水坝，人们用巨型水库消除了径流丰欠的不确定性向下一环节传导，获得了发电所需的稳定水流量。

盈亏比就相当于一个转换器，经过一种合目的性的选择、一个累积交易规模的"水库"，从市场变化的不确定性中构造出盈

利的确定性。

下面以几个现实应用来说明盈亏比数学模型是如何在不确定性游戏中构造出确定性盈利的。

彩票、博彩业是世界上常见的不确定性游戏。它们的大众参与率甚至高于股票、期货，博弈双方分别为彩票发行方和彩民、赌场老板与赌客。彩票开奖号码的不确定性众所周知，赌场也会用自己的商业信誉保障发牌的随机性。彩票的下一期开奖号码与赌客的下一张牌永远具有不确定性，但并不影响在这个游戏里依然诞生了确定性盈利的一方——彩票发行方与赌场老板。当然，在这个不确定性的世界里，总体上不利的一方是广大彩民与赌客。

随机现象在现实世界中大量存在。股市、期货中被广泛使用的"蓝筹""筹码""下注"等术语，本来就源自古老的赌场，足以证明交易市场与赌博、彩票在概率、随机性等数学性质上的近亲关系。

以概率论为基础的"或然数学"，是近代数学领域的重要分支，保险、博弈、赌博、彩票、股市、天气、地震预报、统计学等问题模型，经常被用作推演样本。本节谈论的交易市场，所列举的范例仅用于相关数学原理的讨论——如果要解决稳定盈利的问题，交易市场的随机性是一个必须攻克的堡垒。

彩票发行方和赌场盈利的确定性毋庸置疑，甚至因为盈利的确定性太高、数目太大，以致禁止一般经营者涉足，由各国政府控制着极有限的准入牌照。

彩票发行方和赌场在一个具有明显不确定性的博弈里，是如何实现稳定盈利的？当然不是通过研究或预判下一期开奖号码、下一张牌——仅仅通过盈亏比调节，就可以做到。

彩票发行方和赌场在与彩民、赌客的博弈中，无法让所有人都亏损，总会有人赢钱；也无法让一个参与者每一次都亏损，总会有盈利的概率（否则这类娱乐博弈会无人问津）。彩民或赌客盈利，就是发行方与赌场亏损；但是发行方与赌场完全不在乎这种亏损，也不试图阻止彩民与赌客赢钱。他们只需要通过控制游戏规则，保障自己的胜率优势或赔率优势，实现总体盈利大于总体亏损，就获得了盈利的确定性。

由此可以知道，只要控制了总体盈亏比，就足以战胜市场变化的不确定性，这一点已经在现实中得到强有力的证明。

不确定性领域，例如军事、政治博弈中牺牲局部利益实现战略目标，棋类游戏中的"弃子争先"，都是盈亏比原理的现实应用。在股票、期货交易中，也证明了它的科学性。而且真理往往具有唯一性，在上涨、下跌充满不确定性的市场，能够实现稳定收益的交易高手，都有一个共同的特点：他们均执行严格的盈亏比行为准则，限制亏损幅度，控制回撤；迅速了结，重视防御，把亏损部分做到极小；对于盈利部分，则在时间、仓位上适度放大，尽可能以大幅盈利结束。

在市场的不确定性面前人人平等，没有交易者可以避免亏损，即使是交易界历代的世界冠军也无例外。那种把稳定盈利的希望重点寄托在提高判断正确率、交易胜率上面的努力，注定是徒劳的，因为没有攻击到市场不确定性的命门。唯有盈亏比，才是实现稳定盈利的终极奥义。

以笔者在交易中的成功经历以及得天独厚的便利条件，可以从线上、线下与大量交易者的沟通、交流中横向对比样本基数足够大的失败与成功的案例；还可以从投资界、交易界百年以来汗牛充栋的经典著作中，综观国内外形形色色、风格迥异的数十种交易流派。他们虽然表面上交易策略不同，投资风格不同，但只要是成功的交易系统，究其内因，无一不是暗合盈亏比原理，并在执行中把它放在统领一切的重要位置上。

至于其操作风格，是倾向于基本面分析或技术面分析，还是从其他切入点分析市场，对于是否稳定盈利并不会起到决定性作用。因为基本面分析以及题材投机、价值投资、宏观分析虽然是投资策略的主流，但碌碌无为者、失败者也不计其数；技术面分析视角包括数据分析、量化交易、走势分析、顺势交易、追逐热点等，有一败涂地的，同时也有取得惊人成就的。

真理往往具有唯一性。交易者遵循或者违反这些操作风格层面的东西，并不会影响账户的终极盈亏；换句话说，交易者运用何种交易风格，并不触及是否稳定盈利的关键。所以稳定盈利的真理不在于操作风格，而在于盈亏比。要实现稳定盈利，操作风格是可以选择的，而盈亏比没有选择的自由，必须遵循——只要违反了盈亏比原理，无论你执行基本面策略还是技术面策略，都无法解决稳定盈利的问题。而彻底执行了盈亏比原理的，用什么策略都可以，甚至用抛硬币决定做多还是做空，用抽签方式来选择交易的目标，都比前者距离稳定盈利更近。

市场的上涨、下跌，毋庸置疑有随机性、概率性的一面，这是绝大多数交易类著作并未触及或者有意回避的问题。因为无法提供解决之道，提出来也是徒增烦恼，甚至自曝其短，令那些建立在沙滩上的"理论大厦"轰然倒塌。

在本书中，这个问题将会成为第一个被解决掉的基本问题。如果以彩票和赌场这两个数学模型作为类比，本书的前两个部分，第一部分相当于建立赔率优势（盈亏比），第二部分将建立胜率优势。

引用彩票和赌场模型类比市场，大大简化了与市场相关的天量信息。交易者在这个简单的模型里反而会找到清晰定位，只对盈亏结果负责，不会在各种对错混杂的信息里迷路。市场在这里只不过是一个产生无聊波动的自动机，其天然之力足堪利用。

但由此可能会引起少数人的心理不适，认为这亵渎了价值投资的"伟大"，因为它是受众最广泛的投资理念之一。在前文"交易"的定义中，已经统一了市场相关概念——从交易的视角，一切市场参与者都是投机者，只不过是视角立场、交易周期不同，在具体操作层面有时间框架、策略偏好的差别，不存在行为动机的根本差别。

价值投资是分析市场最重要的切入点，但仅凭此不足以实现稳定盈利。只要在市场，不管你的切入点是哪里，都会受到价格上涨和下跌不确定性的冲击。能够实现稳定盈利的价值投资，一定是符合盈亏比模型的；但符合盈亏比模型的投资方式，不仅限于价值投资。以上凡牵涉具体操作层面方法的，后文都会逐一解决。

对于不确定性市场的未来变化过度预测和分析，其边际效应是递减的，直到减少为0甚至负数（因为过度分析和预测容易导致极端坚信或极端怀疑）。只有在数学赔率的优势下，才可以绕过上涨、下跌的不确定性，建立稳定盈利的交易系统。

什么是赔率优势？举个例子，抛硬币落地后有正面朝上或反面朝上两种可能性，概率各50%，具体是哪一种是不确定的。如果游戏规则如下：判断硬币落地后正反面，如果正确，盈利100元；如果错误，亏损100元。N次游戏后，最后的账户盈亏，一定是不确定的。

现在修改游戏规则，让它满足赔率优势：正确一次获利300元，错误一次亏损100元，判断的正确率依然是50%。N次后，盈利总额一定大于亏损总额。并且可以长期做到这一点，从中获得稳定盈利的确定性，没有任何难度。

只是很遗憾，现实中很难找到如此理想的盈亏比模型：这个模型的游戏规则存在明显的盈亏比漏洞，并且游戏的参与者有较大的自由裁量权；经营规模又足够大，无论对手亏损多么小，都可以随时撤出，无论盈利多么大，都不会因此作弊、耍赖；在规则范围内，允许交易者心无旁骛地运用任何策略算法——什么地方会有一个这样的博弈胜境？

股票、期货等市场，正提供了这样的近似情境。市场走势有且只有上涨、下跌两种可能，且涨、跌幅度具有不确定性；在T+1或T+0的自由市场上，只需要主动把亏损部分限定在极小幅度，就可以获得盈亏比优势；或者在胜率较低的时候，减少投资仓位，在胜率优势升高的时候，则加大投注；通过调控亏损幅度与盈利幅度两者的比值，交易的不确定性就可以被改造成理想的盈亏比模型。

限制亏损幅度，这很好理解，也容易做到，在一个固定的小幅止损区间退出（平仓）就行了；但仅凭这一点去实现稳定盈利是远远不够的，还要满足第二个条件，即盈利幅度远大于止损幅度，甚至一次成功的交易，其获利超过多次亏损的总和——这怎么可能做到？

例如一个股票小幅上涨之后，就进入漫长的下跌通道，怎么可能存在"大幅盈利"？当股价上涨之时，由于动态止损随之上移，一旦转折为下跌，在第一个顶分型之后必因触及止损而出场，这一笔交易就算结束了。所以它只能是一个小幅盈利，不可能强求更多。

一次正确的判断，带来的结果当然很可能是小幅盈利。但重点在于，一旦把某个交易系统确立为长期策略，就要一直执行"盈亏比"思路，在市场往预判的方向发展时尽可能追求大幅盈利，在趋势没有转折的情况下不臆测它是走势顶部，中长线持仓，只要交易频次累积到某个基数，总体上统计归类，将会有以下几种情况。

1.小幅盈利的交易与小幅亏损的交易相互抵消。

2.由于每次交易目标与建仓位置的选择都以大幅盈利为出发点，除去大多数小幅盈利与小幅亏损相互抵消的交易，必然产生少数大幅盈利的持仓。

3.在盈亏比原则下，只要限制亏损、控制回撤成为交易纪律，大幅亏损的情况基本不存在——历次交易盈利总和将大于亏损总和，以此实现账户资金总体上大幅盈利。

综上所述，在金融市场这种不确定性的博弈中，只要交易者执行了盈亏比原则，就可以把这个看似无解的问题用革命性的方案解决它，从而战胜一切具有同类结构的市场。

一个能实现稳定盈利的交易系统，第一要素是盈亏比，第二要素是胜率优势，两者的主次不能颠倒。**有关胜率优势的决策必须在盈亏比的框架之下运行，如果两者发生冲突，应当舍弃胜率优势，无条件服从盈亏比原则。**

如果把追求胜率优势作为第一目标，一旦失去了盈亏比的防御保护，交易会无可避免地陷入永恒的不确定中。

把胜率当作第一要素，其本质就是过度依赖自己的"预判"，甚至脱离市场现实；而市场变化的基本性质是不确定性，出现错误的判断不可避免。以追求胜率为第一目标的交易系统，在错误的判断中往往无法自察，这意味着必然遇到巨大亏损。

当交易者仅仅注重胜率的时候，由于潜意识中的"处置效应"，很快便会兑现盈利，把已经实现的胜率变成确定性；与此同时却保留亏损仓位，等待走势反转扭亏为盈，以免失败的交易拉低胜率。如此一来，盈亏比将非常不利，即使8次交易小幅盈利，只要2次交易大幅亏损，最终的结果都是失败。更何况80%的交易胜率，并不是轻易可以触及的。

由于市场变化的不确定性，错误不可避免，所以无须避免，只有把错误消化在交易系统之内，才不会造成更大的破坏。

盈亏比正是交易者"为错误支付的代价"以及"由正确获得的利润"两者之比；所以交易要有大局观，以账户总体盈利为战略目标，将盈亏比贯彻为交易的最高指导思想。

第4节　盈亏比之要素1：累积性

命题2：在不确定性市场，彻底构筑盈亏比优势，需要三个基本单元——简称"盈亏比三要素"。

盈亏比之要素1：累积性——盈亏比效果的兑现，需要累积必要的交易次数。

在一个交易周期内，如果只进行1次或极少次数的交易，其结果要么是100%盈利，要么是100%亏损。当亏损无法被盈利抵消，就不存在"盈""亏"的比值。交易的次数越少，与市场波动的真实概率偏差越大，很可能在某一个时期内连续盈利，而在另一个时期内交易全是亏损的。

在一个较少的统计样本上，容易得出错误的结论。例如出现几次错误后，就认为下一次交易决策一定也是错的，产生恐惧心理，犹豫不决；即使面对交易系统内满足胜率优势的机会，也因为紧张心理而终止。

前文已经从数学上证明，在盈亏比策略的设置下，即使市场是随机游走的，只要交易频次达到一个统计样本的量，满足大数定律，就能实现账户收益总体上大幅盈利。例如彩票、赌场和保险业务，都是在满足大数定律基础上的现实应用。

因为某几次盈利或某几次亏损，就产生新的预判并修改交易系统，影响"盈亏比"这个既定策略的执行，以这种临时产生的"预判"来否定已被证明成立的数学策略——如果这类主观判断力是可靠的，那么前面就不会出现连续亏损，所以用交易情绪去否定既定策略是不可行的。

每一次交易，都是一个独立事件。如果认为正确之后会是正确，错误之后还会是错误，那市场变化就成了完全可以预判的确定性了，这显然不成立。这种害怕判断错误而产生的恐惧、犹豫心理导致的后果，就是交易次数太少，不能满足大数定律，同时还失去了潜在的盈利机会。

因单笔交易的亏损影响交易次数，甚至少于3次，由于不能满足最低的交易基数，盈亏比的数学优势难以兑现。失去了盈亏比的保护，交易者立即会被市场上涨、下跌的不确定性所吞没，失败已经注定。

累积性就是"大数定律"，下面以大数定律在保险业中的应用来说明它的意义。在现实中，一旦发生意外事件，当事人都将付出难以承受的经济损失。而购买保险的客户多是为了转嫁这个不确定性风险，一旦发生意外，可以获得投入金额十倍、百倍的赔偿。保险公司把承接各种"意外"和"不确定性"的风险作为自己的"业务"，却不会因此出现总体亏损，反而成了净利润名列前茅的、稳定盈利的优质公司——有保险行业上市公司的财务报表为证。

这是为什么呢？奥秘正是盈亏比的要素"累积性"，保险公司累积了足够大的保单池。如果签订一次合约算一笔交易，那么保险公司累积了必要的"交易基数"，满足了大数定律（意外事件一般是小概率事件），以此兑现了盈亏比效果。

保险公司不会因为某一个客户产生赔付就停止发展新客户，而是一直以最快的速度、最高的效率开发尽可能多的客户群，成交更多的保险订单。赔付是必然发生的，但客户基数越大，签订的保单越多，就会产生足够多的免赔保单，足以抵销赔付的金额，而且大有剩余。如此，保险公司作为赔付的一方，其盈亏比优势就越坚固，公司总体盈利的确定性就越高。

在交易的执行中，信任数学原理，一定比信任难以捉摸的心理情绪可靠。在盈亏比和胜率优势的设置下，只要执行了这种策略，市场就已经无法战胜他，任意一笔交易的盈亏，无须附加过多的情绪波动，仅需看作结果统计里一个普通的数据就行了。如同物理学计算物体的运动，各种静止或运动的东西无论大小，仅仅视为质点，一视同仁。

综上所述，交易次数可以从以下3个方面累积。

1.同一只股票（期货同理），在有利时机进行多轮、多次交易。这一条是针对交易者的常见状况：事先做了大量研究的目标，只要一次建仓没有盈利就放弃了，无形中失去了太多可以获胜的机会。其他行业都赞美坚韧不拔的精神，交易行业同样需要这种精神。

每次交易都是独立事件，一次失利并不影响下一次交易的潜在胜率。一种情况是，对于具备胜率优势的买点，往往不会一次买入即获利，而是小幅亏损退出后，等待时机，当有利时机再次出现时，完全不受到前面失利的情绪干扰，连续进行第二次、第三次进攻，最大程度利用胜率优势。

但在这一过程中，失利后小幅亏损立即退出，是必须执行的。后面的"有利时机"在何时出现，需要持币等待，否则亏损幅度失控，将从根本上破坏盈亏比设置，局面很被动。盈亏比设置的第一步，就是把亏损幅度限制在极小额度，只要亏损部分首先成为"确定性"，后面的事情就容易解决了。

另一种常见情况与上述模型稍有不同，即省略了"小幅亏损立即退出"这个操作，直接用小仓位试探性交易。如果仓位已经在盈利，则证明自己正确，再逐级加码；如果市场没有证明自己是正确的，仅维持较小仓位。

这个操作，用"小仓位"本身就控制了"盈亏比"，所以不必拘泥于亏损时"是否退出"这个表面形式。仓位越小，可以承受的波动幅度越大；仓位越大，能够承受的波动幅度就越小，才需要用止损来强制性退出。总之，只要操作本质符合盈亏比原理就可以。

2.账户以资产组合的形式，在同一时间对多个目标分仓交易，可以更快满足大数定律，实现盈亏比策略。

资产组合的优势，不在于短期盈利金额大小，而在于维护账户长期盈亏比稳定性，避免黑天鹅事件或其他意外导致巨额亏损——仓位的合理调配，也是控制账户回撤幅度的重要保障。

资产组合的另一个优势是盈利方面，根据市场动态变化，把仓位适度分散到胜率优势较大的目标群，在大数定律下更容易出现盈利仓位。这比集中持仓具有更高的确定性。由盈利能力公式可知，交易系统总体盈利的确定性是第一位的；单笔交易盈利金额是次要的。

同一时间，账户上的多个持仓最大概率出现的状况是盈利与亏损仓位并存。终止亏损的持仓，任由盈利的仓位发展，由市场变化的结果自动决定仓位去留。对于一个盈利的仓位，如果是做空，无论它下跌了多少，依然继续做空；如果是做多，无论它上涨了多少，依然是继续持仓。

3.分仓多个目标，对各个目标进行多轮、多次交易。这里所谓的"多""少"是相对的,所谓"多",不是强调高频交易或短线交易,不同的交易风格有其固有的频率;只是说,在原有低频和长线交易的基础上灵活应对短线状况,该做短差的做短差,该回避的下跌就回避,适当提高交易频率、满足盈亏比的"累积性"就是相对的"多"。

累积实现盈亏比所需的交易次数,重点在于摆脱由账户盈、亏带来的情绪困扰,只以数学算法为信仰,让交易策略得以彻底执行。

第5节　盈亏比之要素2：前置性

盈亏比之要素2：前置性——走势位置比方向更重要。

如果交易时鲁莽冲动，在各种不利的形势下轻率建仓，局面被动时才想起盈亏比策略，虽智者亦难以善后。兵法有云："昔之善战者，先为不可胜，以待敌之可胜。不可胜在己，可胜在敌。"这个"先"，就是"前置性"，在买入之初就要安排妥当，已经发生大额亏损之后再去补救，已经晚了。

不占据胜率优势的建仓失败率很高，即使单次交易没有大幅亏损，积累多次小亏后同样是大额亏损。

所以建仓时所处的走势位置，比判断上涨、下跌的方向更重要。由于市场变化的不确定性，无论交易者如何依据有效信息决策，看涨时市场都有可能下跌，看空时市场也有可能上涨，因此把主要精力用在判断涨跌方向上，对于建立确定性作用有限。

亏损是交易的常态。显然，仅凭"止损"这条规则是虚弱无力的，难以达成稳定盈利目标。盈亏比要实现的两大目标，第一个是"亏得少"，第二个是"盈利多"。

以股票为例，有些位置极容易造成大幅亏损，需要尽量回避。例如在价格估值高位、走势大幅上涨、积累了大量卖盘的区间，买入后，潜在的抛盘随时可能被引发，遇到下跌是大概率的；即使止损，这种位置也会造成亏损次数太多，胜率太低，多次小幅亏损，将累积成大幅亏损。在高风险区间，下跌力度强大，很快会冲破预设的止损位置，并且在T+1的制度下，会因为无法立即处置而导致亏损幅度失控。

所以，避免走势位置的高风险区域，决定了"亏得少"这一目标能否实现。亏得少，有两个重要意义。

1.保护了本金，对后期复利影响较小。

2.及时退出，保持了仓位的机动灵活和操作的主动权，才有可能敏捷地捕捉到第二次、第三次有利战机，不会处于被动挨打地位。

另外，股票盈利幅度，同样与走势位置有极大关联。

1.以买入为例，从技术面视角来看，只有在走势的关键支撑位置，例如，下跌衰竭的强支撑附近、上涨走势回调底分型附近，才能提供有利的买入时机；从基本面视角来看，价值低估区间、公司盈利能力增长性被市场发现的初期，正是满足价值投资视角的有利时机。

技术面与基本面在"买入时机"这一点高度一致，殊途同归。技术面所谓的"支撑位"、基本面所谓的"安全边际"，潜台词都是说，如果错误，就会"亏得少"；如果正确，则大幅盈利概率大。

2. 以卖出为例，走势位置同样比方向"预测"重要，不需要主观臆断何处见顶。从技术面视角来看，以走势实际到达的位置为准，在执行的交易周期内，至少上涨走势出现顶分型，或者下跌幅度触及预设的退出位置。

以基本面视角来看，卖出的触发条件是市场价格已经兑现股票内在价值，或者公司经营层面、财务状况和行业前景改变，发生了不利的转折。由于市场价格反映一切信息，因此基本面状况或市场情绪的转变也会在对应的走势位置上有所体现。

综上所述，不管是哪个视角，所谓的"有利时机""有利位置"，具体就是能满足"盈亏比"要求的位置、性价比较高的买点位置。如果错误，小幅亏损即可退出；如果正确，潜在的盈利幅度较大。

在此类"位置"，虽然不会每击必中，但只要保持这个买入原则的一致性，就会出现"命题1"所说的情况：当小幅盈利与小幅亏损相互抵消，剩下的就是大幅盈利与大幅亏损两种可能性，在盈亏比设置下，大幅亏损被消除，只剩下大幅盈利一种变量任其发展，以此实现总体上大幅盈利。

走势方向具有不确定性，但走势位置就如同作战中的地理地形，何种地形对自己有利，是容易判断的。先占据制高点或重要关隘，就易守难攻。以股票或期货交易为例，如果是做多（看涨），则下跌衰竭的支撑位、上涨趋势回调底部，例如底分型低点或横盘反弹底部一线，就是建仓的有利位置；做空与之同理，即在上涨衰竭的压力位、下跌趋势反弹的顶分型高点附近。在此类位置建仓，占尽盈亏比优势，如同在作战中占据有利地形，可以轻松地提高胜率。

与之同时，按计划设置止损退出条件，如果需要长期持仓才能达到目的，就在仓位布置上防御可能的风险。因为仓位越小，可以承受的波动幅度越大；仓位越大，能承受的波动幅度越小。具体操作可以有灵活性，总体上以不影响防御能力为原则。

在走势衰竭的位置做转折买点，在趋势中做顺势买点，借助市场合力占据胜率优势，借助买点位置建立有利盈亏比率（风险报酬比）——找出关键的有利位置，降低错误的代价，这是交易中唯一可以由自己控制的因素。通过"不输"而赢，远比一厢情愿预测市场上涨、下跌的方向更有效。

未来市场究竟是上涨或是下跌，以及涨跌的幅度多大，都是交易者无法控制的。在这方面过度分析，还不如扎实做好可控的部分。

第6节　盈亏比之要素3：内核性

盈亏比之要素3：内核性——通过盈亏比，可以建立各种不同风格的优秀交易模式。

盈亏比原理在各种优秀的交易模式中具有普适性，是市场上各种成功交易模型的内核。以盈亏比原理为核心，结合自身的知识结构、交易风格、投资价值观，就可以扬长避短，建立适合自己的交易策略，细节方面可以进行各种个性化设置。

但其内核驱动都是同一个。一个交易策略如果没有盈亏比内核，就永远陷在市场涨跌的不确定性里迷茫挣扎，胜利似乎经常在眼前又遥不可及，无法到达"稳定盈利"的"确定性"彼岸。

市场涨跌，只有各种"连续的随机"，即暂时的伪确定性，只有概率，没有必然。例如牛市或某个行业板块的"连续"上涨，被误认为是市场的"确定性"，实际上它只是较大级别上涨、下跌不确定性过程中的一段而已。

为什么不确定性是绝对的？因为从人类博弈行为的本质去看，一方的收益是以另一方的损失为代价的，如果上涨、下跌中存在任何一方长久的确定性，必定引发这个博弈市场失去生态平衡而导致自身的毁灭。金融市场、资本市场、房产、利率、社会福利等领域，往上涨或下跌任何一个方向确定性发展，后续都会因为维持原趋势的力量衰竭而难以为继，导致社会资源分配极度不合理，最后的结局就是越过了临界值而被外力摧毁或自我崩塌，这已经被世界经济、历史的发展史实所证明。

市场走势由上涨转为下跌，由下跌又转为上涨，甚至上涨趋势中嵌套着次级别的下跌，下跌趋势中又嵌套着次级别的上涨……这种频繁转折中的涨、跌，正是博弈性质的经济行为无法实现确定性的最佳注脚。

所以**确定性不存在于涨跌之中，只存在于交易者对"盈""亏"结果的操控之中。**世界的原始状貌是混沌、凌乱的，行进的方向是不确定的。但人们可以通过对已经发生的事实，根据自己的需要，进行有明确目的的操控、引导，最终让它呈现我们所需的结果。

从另一个角度去看，物以稀为贵。正因为金融市场、资本市场涨跌存在不确定性，能较好地解决这一难题的交易者都是高价值的稀缺人才。只要能实现确定性，至少可以在一个较长时间段内达到稳定盈利，即意味着巨大财富收益。

现实世界中确定性最高的领域是农业。"春种一粒粟，秋收万颗子"，农业种植中几乎具备绝对确定性的增长，一粒种子能确定性获得十倍、百倍，甚至千倍、万倍的收益；然而自古以来，屡见"四海无闲田，农夫犹饿死"的景象。

正因为这种确定性太高、太普遍，"同质化竞争"导致农夫努力劳动的价值大打折扣，市场对这种能力的定价非常低廉。几千年来，全世界的农业从业者都是同一时期财富收益相对较低的。当然，这里仅从"市场对这种能力的定价"而言，并不是说农业不重要，农业一直是社会的基石，吃饭的问题向来是生存和发展的第一大事。这个事实同时也证明了市场价格并不总是对的。有根本价值的事物经常被低估，而无足轻重的事物在市场非理性情绪的推动下则经常被高估。

不同的市场参与者，观察市场的视角各异，一花一世界，因此交易风格多种多样。失败的交易模式，失败的原因各不相同；但成功的交易模式、操作风格都有一个共性，就是符合盈亏比原理，并长久执行了该策略。

没有哪种交易风格必定成功或者必定失败，但违背盈亏比原理的，任何交易风格必定失败。

以索罗斯为代表的事件驱动型交易者，有几句名言广为人知："判断对错并不重要，重要的在于正确时获取了多大利润，错误时亏损了多少"；"世界经济史是一部基于假象和谎言的连续剧，要获得财富，做法就是认清其假象，投入其中，然后在假象被公众认知之前退出游戏"。

这是对市场不确定性和盈亏比要素精炼的总结，索罗斯对世界"彻底可错性"的认识决定了他的交易系统所捕捉的买入时机，是走势大级别转折买点，前期往往是轻仓试探，一旦判断错误，后果是小幅亏损；如果判断正确，将是重仓、巨幅盈利。凭借这种典型的盈亏比结构，在云谲波诡的金融市场获得了确定性胜利。

市场上还有很多事件驱动型交易者，例如分析市场资讯、财经新闻、产业政策、政治时事等信息流对市场共识、走势涨跌的影响，趁势做空或者做多，同属此类。

从哪个入手并不重要，成功的交易模型的共性是对仓位盈亏比的操控。

价值投资的代表人物格雷厄姆，劝诫交易者将投资建立在合理可靠的基础上，用证券的"内在价值"为基础进行投资，以抵御市场崩溃来临时的风险。在买入价格和价值之间，寻求一个"安全边际"。

巴菲特强调的投资理念是："第一条，保住本金；第二条，保住本金；第三条，不要忘记第一条和第二条"；"投资人并不需要做对很多事情，重要的是不犯重大的过错"。其在秉承格雷厄姆理念的基础上，兼顾了股票的成长性。

以上价值投资理念的核心思想是从"公司"视角出发，寻求理想的交易目标，建立有利的盈亏比和胜率优势来解决市场涨跌的不确定性。具体做法就是用公司的内在价值和稳定的财务表现，以较长的时间框架去抹平短期的价格波动，从公司市值的成长中获得长期确定性盈利。

这个过程中当然会发生亏损，但具有"安全边际"的买入价格，决定了亏损的幅度较小；所选择公司的内在价值和成长性，决定了盈利的幅度较大；又由于此类优质公司在市场上的稀缺性，其具备较大的胜率优势；而且，因适度分散的资产组合，从这一视角所选择的目标，同时大跌的概率进一步降低。

典型如巴菲特的价值投资者，把"保住本金、不犯重大过错"这两条作为第一要点，就是强调限制亏损尤其是避免发生"大幅亏损"对该投资策略的重要性。剩下的部分就是用公司的"价值"和"成长性"去实现"大幅盈利"。这些行为特征确凿地证明了该投资策略的内核也是盈亏比，只不过是从"基本面"的视角去实现。盈亏比与胜率优势，二者最大限度地保障了投资的确定性。

如果你秉承的是价值投资理念，且具有成熟的分析思路，很有可能会与市场基金、机构、大资金在同一时间，买入同一类公司的股票，因为大家所用的分析方法差不多，所得出的结论极大概率也会雷同。这就是市场共识引导资金流向，少数股票因此成为众多资金流的必经之路，形成"连续的随机"——趋势。

以道琼斯指数发明者查尔斯·道为代表的市场走势分析视角，提供了一种能够自我验证的观测股市走势的方法，并在此基础上诞生了价格走势指数（道琼斯指数以及全球各类金融指数），成为股票、期货、外汇市场从业者对市场进行技术分析的基石。

其基本观点是价格反映市场并定价未来，走势具有趋势性，并同时存在作用力、反作用力以及相互作用。所以价格趋势既有主要运动，又有次级运动。并且在这种看似杂乱无章的运动中，有一种有序的重复。其后的走势分析者在这个方向上更进一步，认识到股市是由人创造的，股票价格的变化受节奏的控制，有其内在法则；走势反映的是人类的心理现象，过度乐观和过度悲观造成了走势的上下摆动。

市场参与者行为动机的一致性，表现在走势结构上，就是由一系列顶部、底部等若干高低点构成的"趋势"与"转折"，且在各级别交易周期上具有相似性。走势分析的代表人物江恩、艾略特、斯坦利·克罗、约翰·墨菲、缠中说禅等，操作原则都立足于这一基本观点。其交易系统中的买入时机、持仓条件、退出条件，以及波浪、支撑位、压力位、背驰、买点、卖点等，都可以在走势分析视角下成为一个完全自洽系统。

以股票买点为例，在走势分析视角下，就是在走势上找到一个下跌衰竭，且上涨合力相对于下跌合力具有胜率优势的位置为买点。

如果是做多，这个买点的理想位置有两类。

一类是"转折买点"。当一个走势的主要运动为下跌走势，但是下跌力度衰竭，走势已经在开始反弹的底分型附近；另一类是"顺势买点"，在已经形成的上涨走势中，其次级别走势回调底分型低点就是较为理想的建仓位置。（技术分析方面，达成胜率优势所需的重点知识会在后文详细叙述，本节暂时略过。）

做空的情形则与此相反，理想的建仓位置就是下跌走势次级运动高点，即下跌走势中反弹力度衰竭的顶分型高点附近……诸如此类所设想的种种情形，无非都是为了实现有利的盈亏比。如果发现市场向反方向波动的幅度超出预设，则立即退出；如果正确，则长久持仓。这类交易系统的内核，与价值投资一致，都是"盈亏比"。

例如缠中说禅归纳出走势视角下有"安全保障"的3种类型买点，由大级别走势背驰产生的"1类买点"，以及由次级别走势背驰产生的"2类买点""3类买点"。介入后，如果走势突然又发生变化，不再适合继续参与，便立即退出；如果走势如预期，则把仓位发展为大级别持有，直到大级别卖点来临。三种类型买点的位置，全在上涨走势底分型低点，实质上三种类型买点都属于同一类，即走势里占据了"盈亏比"优势的位置。其"安全保障"，并不是说这个位置买入后，走势一定100%上涨，实质上是用"盈亏比"优势来保障交易的安全。

在交易中，市场参与者却往往被细枝末节所吸引，一叶障目不见泰山，甚至不知不觉地陷入了寻求市场涨、跌"确定性"的歧途，问道于盲、缘木求鱼，以为"圣杯"藏在这里，却未洞察到盈亏比内核。如果缺少了这个内核，任何看似强大的交易策略都是脆弱的。

最有代表性的一种是所谓的"内幕消息""专家建议"。热衷于依据此类信息交易的，认为它具有最高确定性的盈利价值，因此寄托极大的信任，频繁、连续重仓投入。

实际上，"连续的随机"在任何策略中都可能发生，例如凭所谓的"内幕消息"连续几次盈利，但那依旧不是确定性。

市场涨跌的不确定性对一切市场参与者一视同仁，因此连所谓的内幕消息的源头、第一手信息都无法保证自身的"确定性"，何况传播到二级市场的二手、三手信息？

内幕消息的信奉者，把资金押注在判断内幕消息真假上，这与直接押注在判断市场涨跌上，没有实质差别。以为有了内幕消息，就获得了市场上涨、下跌的确定性，主动放弃了盈亏比设置，其危害是即使出现了大幅亏损，由于觉得有所依凭，依然无条件逆势持仓，后果就是失去所有盈利和本金。

但是，只要贯彻执行盈亏比策略，即使按内幕消息去交易，同样可以成功，甚至用其他更离谱的奇葩方式交易，效果都不会太差。例如有一个奇人，每次交易的决策依据就是抛手绢，正面朝上就做多，背面朝上就做空；或者用石头砸自己的鼻子，左鼻孔出血就做多，右鼻孔出血就做空。如果你是他的对手盘，有没有把握必然赢他？——当然没有。因为总体上看，在概率性面前无论是随机选择还是"过度分析"，得到的结果都是不确定性，用各种分析方法都一视同仁。

以数学家詹姆斯·西蒙斯的大奖章基金为代表的量化对冲基金，就是彻底地、完全地依靠数学模型来投资（交易），剔除掉传统的对宏观、微观经济的判断，仅保留具有胜率优势的技术性金融数据，在转瞬即逝的、很小的交易机会里进行统计套利。西蒙斯的大奖章基金从1988年成立以来，以远超巴菲特的年均回报率名列世界前茅——"我们整天做的就是这个事情。我们总是不停地买入、抛出。我们之所以赚钱，就是靠我们不停地交易。"（西蒙斯1999年在一次研讨会上的发言）

近年来，在股票、期货、外汇交易中，以量化策略交易的资金占市场成交量的比例呈逐年上涨趋势，总金额越来越大。这至少证明了量化投资作为一种交易方式，与传统的证券基本分析相比，并不存在劣势。

另外还有以高盛集团、花旗集团、JP摩根为代表的高频交易，都可以归结为量化交易一类。因为二者都是以算法程序为买进、抛出的依据，借助计算机和现代化通信平台，在交易的各个环节，包括算法策略、市场信息接收、交易订单生成、交易订单发送、成交回报接收、处理成交回报等，都实现了机器人自动化工作方式，以降低交易信息在每一个软件和硬件节点上消耗掉的时间，即降低延时，在以微秒为单位、令人难以置信的极短时间内，反复用很高的频率完成数量巨大的股票交易。它具备在1秒钟的时间完成几万、十几万甚至几十万笔股票交易的能力，名副其实地做到了比闪电还快。

这些交易风格不是重点，重点是最终盈亏状况。2008年，是华尔街和世界金融银行十分困难的一年，许多投资银行倒闭，随之发生了波及全球的金融风暴。在金融市场处于整体衰退期间，高盛、花旗、JP摩根都通过高频交易获取了10亿到20亿美元不等的收益。

然而，即使是与传统交易策略相差甚远，如此炫酷的交易模式，其内核依然是盈亏比。"盈亏比"里面的"亏"，其亏损幅度及止损幅度的大小，是相对的，相对于模式内的"盈利幅度"，比值小就有利。高频的量化交易，在盈利方面难以做到"较大的幅度"和"较长时间的持仓"，必定在止损方面要用"更小的幅度"和"更短的时间"与之匹配。

如果这个交易模式的目标利润是分米级、厘米级，那么亏损幅度必定限制在毫米级、微米级，盈亏比结构依然坚固。在交易系统锁定的胜率优势下，累积足够的交易次数，以大数定律完成盈亏比优势，实现"盈利的总和"大于"亏损的总和"，凭此战胜市场。

在各类交易流派中，还有以凯利、克劳德·香农、爱德华·索普为代表的使用量化模型来分析风险的数学应用派。他们从统计学和概率论出发，运用凯利公式和统计套利模型，战胜了赌场和投资市场（股票、期货、可转债、权证、期权等金融市场）；在赌场上创造了战胜21点的策略，在投资市场用自己管理的对冲基金连续30年获得了较高的年化收益率，用无可争议的战绩启发了投资市场的金融革命。

凯利公式的投注策略实际上就是一个盈亏比策略。它首先解决的问题是避免爆仓，从不全仓交易，但并不避免亏损。其精髓是一个根据现有的金额按比例下注的系统：当胜率为0或者负值时，停止交易；胜率较小的时候，只投入较小比例的资金，胜率优势增加时，投入较大比例的资金。

如果连续多次亏损，那么就根据剩下的资金总额，按比例缩减交易资金；如果盈利，随着财富总量增加，所投入的交易资金也会增加。只要胜率占据优势，总体上看，盈利的资金一定比亏损的资金多。因为胜率优势低的时候，亏损金额小；胜率优势大的时候，盈利金额大。

市场里各种交易系统，除了主流的方向性策略之外，用期权组合狙击极端行情的"黑天鹅策略"无疑独具一格。其中最有影响力的代表人物是纳西姆·塔勒布。现实世界中出现"黑天鹅"事件虽然概率较小，但一旦出现必然产生极端效果，因此可以用期权工具押注相关的金融资产。

由期权的非线性损益结构可知，这个策略平时多数时间都是小亏一点点，一旦遇到"黑天鹅"就会收获史诗级盈利。例如2001年的"9·11"事件、2008年的国际金融危机、2015年的股灾、2020年的全球疫情和油价崩盘，令持此类策略的基金（例如尾部基金、环球投资）当月获得30倍到40倍回报，"黑天鹅策略"因此逐渐被市场关注和认可。

独具一格的"黑天鹅策略"，10次交易可能有9次亏损，在胜率方面是完全处于劣势的，仅有少数交易盈利。由"黑天鹅"事件对金融资产崩塌式的影响力可知，这个期权交易策略一旦命中目标，必定收获幅度巨大的盈利。错误时亏损幅度较小，正确的时候盈利幅度极大——在胜率处于劣势的前提下，"黑天鹅策略"仅仅凭借盈亏比优势，就成为表现优异的交易系统。

上述各类交易风格所列举的名字，仅仅是该类交易策略的代表人物，每一类交易策略都有不计其数的奉行者。下面继续列举几种常见的交易模式，以说明"盈亏比"几乎在所有成功策略中具有内核性、普适性。

现在剖析一下题材股、概念股投机策略的要点。市场上有一类资金，以跟风题材股、概念股炒作为投资依据，它以基本面业绩（成长性、利好）为基础，但又经常脱离上市公司实际情况，主要基于市场"预期"，即市场参与者"相信"其业绩会稳定增加。

题材与概念，虚虚实实，经常被市场证伪；但这并不重要，预期能否实现也不重要，甚至预期的真假都不重要，重要的是有多少人相信它会实现并且形成"市场共识"。相信它的人与不相信它的人相互抵消后，就留下一种偏见，这种偏见如果是正向的，那么市场价格就会上涨；一个预期出现了，即便它在真实的企业经营中并不存在，但只要能影响参与者的内心世界，便会因此改变筹码与资金二者的供求关系，市场就存在获利机会。

从这个角度来说，对现实世界的精确预判并不重要，金融市场上的成功秘诀在于能够预见到大众对某个事件的普遍预期心理。

一个事件，如果有可能给企业未来利润带来增长性，便会引起参与者预期的膨胀，由此产生的投机模式就是"潜伏"或"跟风"市场题材股、概念股，执行更彻底的是"潜伏"或"跟风"该题材的"龙头股"。先知先觉的资金会提前布局，即"潜伏"；当价格被逐渐形成的"市场共识"推高，后续买入的资金顺势交易，即"跟风"。

第一章 确定性的建立——盈亏比

显然，"潜伏"者买入时，对应的走势位置是价格相对低位；"跟风"者买入的位置是相对高位。由盈亏比的要素2"前置性"可知，走势位置比方向更重要，在同一个交易模式，"潜伏"交易者盈亏比优势高于"跟风"交易者。

题材、概念交易策略，决定胜负的同样是"盈亏比"：走势位置相对低位的"潜伏"者，如果错误（市场并未出现预期中的上涨），可以付出较小代价退出；如果判断正确，从一轮题材、概念行情中，可以获得较大幅度盈利。而走势高位的"跟风"交易者，如果错误，在强大的下跌势能冲击下，很容易发生大幅亏损；如果正确，获利空间较小，盈亏比总体上不利。

由盈亏比的要素1"累积性——盈亏比效果的兑现，需要累积必要的交易次数"可知，一两次交易中，"潜伏"者可能亏损，"跟风"者可能盈利。随着交易次数的增加，最终前者的盈利幅度将远远大于后者。著名的股市谚语"低吸富三代，追高毁一生"正是这一结果的生动描述。

以上对各种交易风格的剖析，证明了盈亏比的内核性、普适性，这个要素具有很大应用价值：只要把握了盈亏比原理，就可以不拘泥于任何交易策略，结合自身特点，任意组合出千变万化的交易模式；也可以灵活运用上述各种方法，随着市场变化，在不同交易模式中无痕切换，以获得最大效应。因此，它是制定交易策略的策略。

事实上，例如以cis（日本牛散）为代表的各国民间牛散、游资、个人投资家都是"杂家"，不拘泥于任何固定的交易形式。举凡基本面、走势面、市场情绪、题材概念、新闻、信息（事件驱动）甚至纯粹的资金流分析、小道消息都会无差别运用，以此来捕捉市场的波动；在追求利润的同时，控制回撤。这些交易策略的本质，都是以盈亏比为核心，无招胜有招。

这些"杂家"的核心思想，正是通过前文盈亏比中推演的3种情况来绕过市场涨跌的不确定性，实现总体盈利。用几句cis语录可以证明："重要的不是获胜的概率，而是总收益。这样去想，是在股市上赚钱的关键。""好不容易上涨的股票，卖了的话，锁住了今天的盈利，却丧失了明天和后天的机会。""如果把我的股票按照胜负来考虑的话，获利不超过三成，剩下的就会都是保本或者小赔。不过相对于偶尔的小赔，翻10倍或者20倍的股票也有，获胜的概率虽然低，总额却是正的。""获胜的概率虽然低，下跌的时候及时止损，而剩下的股票中总会有几只获得损失额的10倍、20倍收益。""即使总有小赔，偶尔要赢一把大的。反之，要警惕无数次小赢却一次损失巨大。"

与此相反，如果违背了盈亏比原理，执行任何交易模式都是东施效颦，形似而神不似——交易风格本身，并不提供盈利的确定性。因为不同风格的交易模式仅仅是介入市场的视角不同，必然要面对的，是市场上涨、下跌的不确定性，这一点无法回避。只有盈亏比才能解决这个问题，包容市场变化的不确定性，所以是一切成功交易模式的"内核"。

综上所述，从一系列交易模式可以提炼出盈亏比内核，反过来也成立。从盈亏比内核，可以建立一系列交易模式，这正是本要素的应用价值。

从长线交易视角来看，股票交易盈亏比最有利的位置，即未来潜在的涨幅和可能下跌的幅度两者比值最大的时机。

未来上涨幅度的最大确定性来自基本面成长性，由于基本面的成长性经常基于现实世界已经发生的、有具体数据支撑的事实，所以这个视角下的预期容易取得最广泛的共识，所凝聚的市场资金流在时间上也有较好的延续性。

下跌方面，因下跌力度由市场情绪和"股票""资金"二者的供求关系决定，可知下跌力度最小的位置即大级别走势的支撑位。事实上，各类视角的主流资金都殊途同归，倾向于在此类位置建仓。它实际上又是一个基本面、技术面、市场情绪等各种视角下合格买点的交集。但这类令人满意的买点位置不会经常出现，机会的稀缺性决定了它的交易频率较低。

由盈利能力公式 $Y_{max}=QG$（$G\geqslant 0$）（G为交易频率与资金规模的乘积）可知：为了利益最大化，可以通过放大资金规模来实现 Y_{max}。各类公募、私募性质投资基金的成立，正是为了解决"资金规模"这一问题，以此来放大基金经理的盈利能力，弥补交易频率的不足。

事实上，掌握大资金的基金管理者和个人投资者，可选择的交易策略并不多。由盈利能力公式可知，当确定性Q为负值，极大的资金规模只能得到一个极大的负值，所以他们必须以确定性为第一考虑因素。虽然"交易频率"非常低，但可以用更大的"资金规模"来弥补。这种操作上的局限，是盈利能力公式制约下的必然。

在追求盈利能力最大化方面，无论大小资金，动机都是一致的；所以"交易规模"的局限还体现在另一方面——为什么市场上的小资金、散户多数选择的是短线交易策略？

原因无他，在自身的投资能力、交易水平不变的前提下，资金规模较小的投资者，只能通过提高"交易频率"来弥补。所以热衷于短线、超短线的，往往是这一类。无论是基本面风格的还是技术面风格的，都有大量的短线交易者。立足于基本面和热点题材分析的，就是追逐市场风口和强势股，快速进出；立足于技术面分析的，就是在较小的走势周期内，快速捕捉频繁出现的买点、卖点。

小资金交易者在实践中总结出各种短线、中线交易策略，各种风格不一而足。但成功的交易系统无一例外都是以盈亏比为内核。各种具体的交易系统，其不同之处，无非时间框架不同，或者几种策略混合使用。在盈亏比这个关键构件上，即使是最极端的超短线交易者，也依然遵循这一原理。

例如"打板""强势股高位接力"——满足盈亏比条件的会盈利，不满足这个条件的，依然会亏损。反应敏捷的小资金，买入市场上涨力度最强的股票，借助走势盈利效应的惯性和内在的市场正向预期以获得股票市值的成长；与之同时，在买入位置匹配小幅止损，一旦不如预期，则立即执行纪律。每次交易计划都要如此处理，以保持交易系统的一致性，把潜在的"亏损"部分控制在极小范围。

简单地重复以上操作，使交易频率达到较大的值。万变不离其宗，只要能保障盈亏比内核成立，交易模式便可以成功。有一点值得注意的是，很多交易者误以为某种特定交易风格具有盈利优势，依葫芦画瓢，也去模仿同类交易风格。但是他们对盈利部分漫无目的，对亏损部分放任自流，一旦市场发展不如预期，要么无动于衷要么惊慌失措，经常大幅亏损、频繁亏损——这种不满足盈亏比条件的盲目模仿，无异于东施效颦、邯郸学步。

还有一种小众的"尾盘买入法"，盈亏比原理更明显。在T+1规则下，因临近收盘，买入后即使下跌，亏损幅度有限，下一个交易日开盘，视情况可以立即处理，把大幅亏损的可能性降到最低，为短线交易创造有利的盈亏比前提。

而在长线交易视角下，以期货为例，其盈亏比最有利位置也不难判断——紧密联系现货市场，在其历史大级别支撑位做多。

大宗商品价格的最大支撑位，相对于价格的高位来说更容易量化，因为有具体的参照区间，这个参照区间就是工业品、农产品等生产企业的成本线、生命线。以追求利润为目标的企业，对成本是最敏感的，当价格等于或低于成本，企业的利润就是0或亏损。

如果期货价格长期徘徊在工农业产品的成本线附近甚至低于成本线，则大量企业无法继续经营。这种畸形的状态是难以持久的，市场自发的调控之手必定会塑造出新的供求关系。例如沪铝、铁矿石、郑棉、原油等商品价格在一轮漫长下跌，大面积击穿现货企业的成本线之后，即开始了一轮报复性上涨，创出历史新高。此类大级别买点，由于期货市场的杠杆作用，只需一轮长线上涨趋势，就可以批量创造巨幅盈利的成功者。

大级别转折买点，有从下跌低位转折为上涨的做多，也有从上涨高位转折为下跌的做空，但何处是低位？这个可以用大宗商品的"成本线""生命线"来参照，相对来说比较容易判断。但什么价位是"高位"？这个就比较模糊：价格太低，企业会因为利润低于0而倒闭或出现一系列问题；但价格上涨，利润增加，甚至增加到1倍、5倍乃至N倍，都不会引发问题（企业会亏得受不了，却不会赚得受不了）。经济学规律决定了市场对低价的容忍区间比较小，对高价的容忍区间比较大，因此从大级别走势来说，判断底部比判断顶部具有更高的盈亏比优势、胜率优势。

这个"巨幅盈利",具体数字可以是N倍。$N>10$,甚至$N>100$,因此持仓所对应的止损幅度也较大,在极端情况下甚至没有止损线。因其最大的亏损幅度是100%,即1倍,最大的盈利幅度是N倍,总体盈亏比依然是成立的。由仓位比重与止损幅度成反比可知,止损幅度越大,所持仓位应越小,即轻仓持有。这也是期货日线交易中仓位布置的关键,否则是无法在走势的短线波动中生存的。

与股票的类似买点同理,此类位置也是大资金、套利资金、长线资金所青睐的建仓位置。只不过小资金为了放大交易规模,只有提高交易频率,不约而同地选择短线、超短线、日线波段或者日内波段。这种短线发展的极端,是以分钟甚至秒为单位的炒单。即使是时间框架缩小到极致的炒单,决定成败的关键依然是盈亏比。这一点在前文高频交易的原理中已有说明,此处不再重复。

与此同时,金融市场里一定缺席不了对冲基金的身影。他们从一系列非常广阔的宏观视角出发,充分考虑到各种驱动资产价格变动的因子:汇率、利率、经济、商品、政策、产业、人口、技术,甚至文化、宗教等,把股票、期货、债券、期权等对冲工具有机组合起来,去执行自己对金融市场的判断,采用资金杠杆和风险分散的对冲投资策略来管理市场波动的总体风险敞口。通常的做法是运用各种套利策略、方向性策略、事件驱动策略以及共同基金所用的基本策略来获取巨额利润。

毫无意外，对冲基金的成败关键还是在于盈亏比：分散风险，通过同时买入看涨资产、卖空看跌资产的手法来管理风险敞口，就是把潜在的亏损降到较低水平；利用资金杠杆，是放大交易规模以实现大额盈利。对冲基金之所以把投资操作发展到相对复杂的程度，原因无他，正是出于对市场不确定性的畏惧，所以用"两边下注"的"宏观对冲"策略来管理风险敞口。用"对冲"的方式替代其他交易策略中"止损"和"仓位管理"的功能，以便于完成较大资金规模、较长时间框架的持仓，其本质功能都是为了"控制亏损幅度"以实现盈亏比。其不同之处，仅仅是交易策略的"外壳设计"看起来不同而已。

对冲基金失败的情形，就是过度依赖团队的主观判断，为了追求巨额利润，暴露的风险敞口太大而且持仓到底。在杠杆作用下，亏损时加倍放大了风险，当初的盈亏比优势被彻底破坏，迅速灰飞烟灭，例如长期资本管理公司。

综上所述，各种交易策略在时间框架上都有长线与短线的差异，市场长线交易者往往嘲笑短线交易者格局渺小；短线交易者也毫不示弱，鄙视长线交易者迟钝僵化。事实上二者都是在盈利能力公式驱动下，立足于自身实际情况所作的最优选择——同时也是他们的局限。

不同的交易模式，其本身并没有高下优劣之分。市场已经证明，各种交易模式有成功者的同时，也有更多的失败者。能保障盈利的是交易策略的内核——盈亏比，对这个内核的把握，才是决定胜负的关键。金融市场百年不衰的经典名言"截断亏损，让利润奔跑"、资金管理的最基本素质"控制回撤"、一级交易市场的股权投资者"本金安全、价值驱动长期可持续回报"等一系列准则，无处不在地表明盈亏比的内核性、普适性。

在交易中盈亏比体现在以下3个可操作的方面。

1. 盈、亏二者的时间之比。 亏损时短期持仓，在一轮较小的走势周期上，迅速结束本次交易；盈利时，不限于短期，可以从短期自动换挡为中长期持仓。

较小的交易周期，能及时处置盘中风险，精确优化进出场位置，这本身就是控制风险的方式，把可能出现大幅亏损的概率降到最低。

2. 盈、亏二者的幅度之比。 盈、亏两个方向的幅度，只有亏损这个方向的幅度是可控的。例如一般的股市短线，如果操作成功，盈利幅度大概率集中在几个百分点至二三十个百分点，也有不足一个百分点或者一轮短线接近翻倍的，那是较小概率事件。基于这个盈利前景，亏损幅度一般限制在5%以内，如2%或4%，才能构成大约4∶1或5∶1的盈亏比优势。

由盈亏比的要素前置性可知，除了在数值上限制亏损幅度外，另一个问题就是建仓时兼顾走势位置，即5%的止损幅度内就能借力走势支撑位凭险据守。期货短线、日内交易，由于较高的交易频率，会导致手续费、滑点成本上升，预设的止损幅度与潜在盈利幅度二者之比至少在1∶3以上，甚至达到1∶10（股市长线交易者、期货日线交易者，这个比例实际上可以做到1∶100）。这里暂时先讲操作原则，具体细节在下文会单独阐述。

股票基本面大趋势交易者，由于潜在的盈利幅度较之短线交易者高，以及理想目标的稀缺性，为避免被市场短期波动干扰，止损幅度相应地会放大到10%~20%。

此类策略中一部分熟练的交易者，甚至是可以没有所谓的"止损"的，随时做好损失所持仓位全部资金的准备。市场上持这种操作策略的，经常讥笑执行止损纪律的人，认为"止来止去，把资金都止完了"——实际上此类状况只不过是盈亏比中一种特殊的形式而已。

一方面，前文强调过，可以容许的亏损幅度与所持仓位成反比例关系——所持仓位越小，能够容许的亏损幅度越大。另一方面，盈亏比是指盈利幅度与亏损幅度大小之比，而大、小是相对的，如果该交易机会预期盈利幅度是所投入仓位的多倍以上，甚至十倍、百倍，而这个仓位本身又只占资金总额的较小部分，在这种特定情况下能够容许的亏损幅度可以是100%，即表面上看来没有止损甚至不需要止损，例如期货、股票交易中前期试探性投入的极小仓位。

理解了"可容许的亏损幅度与所持仓位成反比例关系",就不会教条地认为所谓的"止损"必须是某个固定的幅度或金额,有利于更好地优化资金管理。比如福利彩票双色球游戏,用2元的投注博弈500万元的一等奖,在这种夸张的盈亏比下,而2元又只占个人资产的极小部分,所以能够容许的亏损"幅度"可以是所持"仓位"的全部——2元。

期权的交易规则也是如此,期权买方潜在收益巨大,但有损失全部权利金的风险,由于权利金只是一个很小数字,因此在交易规则的设计里也是可以容许的。

当然,在金融投机市场,"预期盈利幅度"不能是毫无事实根据的臆想,而是基于翔实的调查和成熟的策略,有事实和数据支撑,例如一级市场的股权投资和股票基本面策略大级别买点。

对于有高成长性的创始企业,如果发展顺利,股本上市流通后,风投资本可以获利百倍甚至千倍;如果失败,则失去当初投入的本金。因此风投基金的操作模式都是分散持仓,广泛撒网,只要有少数创始企业成功,总体盈利就可以抹平失败企业的全部亏损,实现确定性盈利;如果胜率较高,多数创始企业成功,总体收益率更是出类拔萃。

一个以股票基本面大级别买点为依据的交易策略,基于调查研究,如果获得具有明显胜率优势的安全买点,为了不被短期波动干扰,会轻仓长期持有,不顾暂时的亏损。其亏损"幅度"看起来较大，似乎没有止损，而实际上亏损"额度"依然较小。

3. 盈、亏二者的仓位之比。 由上文可知，少数极端情况下似乎没有止损，只不过是在建仓的时候，仓位本身就已经包含了降低损失的目的。即使在最坏的情况下，也只是有限亏损，总体上依然满足潜在的盈利大于潜在的亏损。

由于股权投资基金半途退出会牵涉诸多法律问题和实操上的问题；而基于较大时间框架的股票大级别买点，又容易被短期波动干扰，但中途退出可能错过历史性机会，因此被动采取持仓到底的应对措施。所以股权投资（风险投资）没有全仓某一个初创企业的，奉行长期主义的股票投资多数也是以资产组合的方式持有，因为二者都必须是轻仓才能达到目的。

股票大级别买点，如果初次交易就重仓介入，一旦走势不如预期，很容易发生大额亏损，难以善后。仓位的大小，本身就包含盈亏比内核，包含控制损失的目的，与"幅度"止损的本质完全一致。例如本金100元，设置10%的亏损幅度，最大损失是10元；在某个成熟的交易策略下，10%的仓位，投入的资金也是10元，以这个仓位参与某个交易机会，即使不设止损，长期持有，最大损失是100%，总额依然是10元。所以二者在本质上并无区别，只不过分别属于盈亏比里面幅度、仓位两种不同的执行方式。

综上所述，盈、亏二者的仓位之比，是通过仓位的动态调配来实现的。入市时仓位较小，以换取稍大的止损幅度；在前期仓位盈利的情况下，则陆续投入后续仓位，如果走势如预期，盈利的时候，所持仓位比较大——总的要点，就是把盈利额度和亏损的额度拉开差距，造成有利的"不对称"优势。

以上关于时间、幅度、仓位3点，尤其是亏损部分的时间、幅度、仓位，其决定权、主动权完全在于己，可以由此建立完美的防守，通过"不输而赢"。所以在各种类型的交易模式里，达成盈亏比这个目标是完全可以做到的。

以上是举例，股票、期货交易中的其他策略、其他的时间框架，其余类型的仓位调配，可以举一反三。

本节内容跨度巨大，从纵深和广度两个方面，解剖了全球金融市场各种交易类型，以"万法归宗"的视野，提取出它们的内核并进行应用演示。至此，盈亏比这一知识点，通过三大要素已经全部构建清楚，但它只不过是《稳定盈利终极算法》目前为止已经解决掉的第一个问题。要实现稳定盈利，还有其他需要被扫平的障碍。

第7节　遍历性

命题3：交易者的主观判断，会破坏盈亏比的贯彻执行——"遍历性"确立了盈亏比原理在实践中无可替代的作用。

理解了盈亏比原理，在交易实践中并非等于解决了不确定性，因为会遇到下一个更重要的问题——执行。

主观判断力是人们日常行事的依赖。这种思维惯性随着交易者进入不确定性的博弈世界，短期内不会彻底消失，所以会经常用主观判断来决定"盈亏比原理"是否需要执行。

交易者往往凭自己的主观感受，"感觉"需要执行，就照做；"觉得"不需要执行，就抛弃，或者随意改变。

由定理一"市场的基本性质"可知，主观判断力不能解决上涨、下跌的确定性问题，所以"引入"盈亏比原则——如果此时又用主观判断力来判断盈亏比原则何时应该执行、何时不需要执行，其表现出来的效果主要是破坏作用。

主观判断力对盈亏比原则的破坏，主要表现在以下3个方面。

情形一：对于亏损的交易，由于心理上厌恶损失、放不下沉没成本，拒绝终止持仓，感觉某一笔交易一定可以扭亏为盈，理由是"上次某笔亏损交易没有终止，后来也盈利了"，或者"上次某笔亏损交易及时终止了，但是退出之后，价格逆转，走势大幅上涨，证明止损是错误的"。

情形二：对于盈利的交易，由于心理上的处置效应，想尽早兑现收益，或者依据近期的经验，"上一次盈利后没有尽快处置，曾经获得的收益大幅缩水"，所以立即平仓。

情形三：对于已经持仓的交易高度怀疑，风声鹤唳，草木皆兵，随时准备终止持仓；对于系统内具有胜率优势的交易机会，犹豫不决，疑神疑鬼，不能容忍任何不确定性，要等待所有的判断"已经"成为确定性，才敢建仓。

前文已经论证了市场涨跌变化的不确定性，如果希望通过准确预判市场去获得盈利，就超出了市场参与者有限的理性和有限的判断力，所以才引进数学法则"盈亏比"来消除"不确定性"干扰，弥补判断力的不足。

因此"盈亏比"原则相当于交易中的"法律"，如果在执行中，用主观判断干扰既定策略的执行，那么兜了一大圈，会再次彻底陷入"不确定性"陷阱——你如何判断自己的"判断"是正确的？

法律的目的是最大程度保障社会公平正义，其意义在于不折不扣地执行。如果执法者在执行法律的过程中，不严格依法办事，处处掺入个人的喜好偏见，徇私枉法，随便扭曲法律规定，用自己的主观判断力越俎代庖，替代法律，那等于没有法律，甚至由此产生更多的不公平、不正义。

市场交易为什么要排斥主观判断的干扰，贯彻执行盈亏比？是因为"遍历性"的存在。

信奉"上一次""某一次"之类的"小数"法则，这种认知偏差会直接对交易行为产生负面影响。因为仅从某个时间段的数据和个人有限的几次经验等"少数"事件得出的结论，是片面的。市场里的各种可能性，只要有一个概率在那里，只要交易者一直在市场中，随着时间的推移，最终会经历遍这个模型里的所有情况，遇到概率中最极端的结果——这就是"遍历性"。

对遍历性的理解，是一种极其重要的认知，而绝大多数人对遍历性的威力，都没有基本的认识。

举个例子，瓷器有被失手打破的概率，即使某件瓷器在很长时间内没有被打破，只要经历足够长的时间，这个概率最终会发生。

例如，中国从古至今曾经生产了天文数字一般多的瓷器，但唐宋前朝的瓷器，能够完好流传到今天的没有几件。随着时间的推移，它们一件一件最终都被打破了，每一件都没有逃脱遍历性。所以，遍历性是时间概率。

如果一个人驾驶车辆在路口闯红灯，一次两次并不一定会发生交通事故，但若一直闯红灯或者经常这样干，最终一定会发生交通事故。时间在遍历性中就像一个验证者，悄无声息、一丝不苟地发挥着作用。

在市场变化的不确定性中，对于达到预定平仓线的亏损仓位，如果拒绝执行盈亏比策略，账户将会重复不断地暴露在风险中。遍历性会让大幅亏损乃至爆仓的风险，无论是多么小的概率，最终都会发生。

同理，遍历性也会产生大幅盈利的机会。如果对于盈利的部分，在没有触发任何退出条件之前草率了结，这也从根本上破坏了盈亏比中"盈利"的部分。在频繁而剧烈波动的金融投机市场，碰到这些概率，并不需要"遍历"太长时间。

在一个凭主观判断拒绝执行盈亏比纪律的交易习惯里，只要发生一次超大幅度亏损或爆仓，就将使交易者彻底出局，且无法反悔或再次重来。一旦存在这种可能性，那么其他任何的盈利期望、盈利分析就变得毫无意义了。

前文中主观判断力对盈亏比的破坏，"情形一"破坏了盈亏比中"限制亏损"部分，仅此一种情形便足以令盈亏比优势荡然无存。当前没有发生的并不等于不存在，遍历性会让大幅亏损必然发生。

"情形二"破坏的是盈亏比中的"盈利"部分。前文"命题1"说明了在盈亏比原则下，小幅盈利与小幅亏损相互对冲；在切断了"大幅亏损"的前提下，由于遍历性，市场的涨跌变化中必然产生大幅盈利的概率，这是市场变化的"天然之力"，也是交易者应当充分使用的"概率权"。

当交易者用自己的主观判断阻断了这种可能，微利即猜顶出局，就失去了自己应有的概率权，得到的是一个盈亏比的"阉割版"。交易结果只剩下小幅盈利、小幅亏损、大幅亏损几种情况，极大损害了交易系统总体上通向稳定盈利的能力。

前文的"情形三"，怀疑犹豫，不敢参与、不敢持仓，破坏了盈亏比的要素1"累积性"，也破坏了要素2"前置性"。以上三种情形相加，盈亏比实际上名存实亡，像幻影一样只停留于头脑中，停留在"知道"的层面，却没有"做到"，整个操作依然局限于有限的主观判断力，陷于市场涨跌的不确定性中。由于交易心理固有的偏见和弱点，甚至陷于总体上"稳定亏损"的"确定性"中。

在遍历性中，市场价格的上涨、下跌以及大幅上涨、大幅下跌，都是其固有概率，也是交易者的风险和机会。对市场这种天然之力的理解和运用，决定了现实世界中财富的分配。所以，避免遍历性的坏处并利用遍历性的好处，"盈亏比"就是典型应用。只有100%、所有的亏损部分都严格限制亏损幅度，才能彻底消除掉模式里大幅亏损的遍历性，为下一步的复利增长赢得时间。

一方面，那种凭借某一次、几次的侥幸，犯了错误没有被惩罚甚至因此获利，得意扬扬，是暂时尚未领略到遍历性的威力。另一方面，所交易的股票里面未来将出现大幅上涨的情况，以主观判断力无法确定究竟是哪一个、哪一次。但只要彻底执行了盈亏比策略，对于盈利的持仓不猜顶，主动限制主观判断力的干扰，遍历性会让你获得大幅盈利；就像不限制亏损幅度，遍历性会让你遇上大额损失一样，二者是同一个问题的两个方面。

时间作为惊人的变量，会令潜在的小概率事件成为遍历性里的大概率事件。飘忽不定的主观判断，是执行盈亏比原则的最大干扰，所以引入遍历性概念并清晰展示其威力，令主观判断力退位让贤，贯彻执行盈亏比策略，就可以借助市场波动的"自然之力"成功。

当主观判断力服从并贯彻执行盈亏比原则，交易的情形将发生几项重大改变。

首先是亏损部分，其幅度都被限定在"小幅亏损"范围内，这就解决了自己有生力量的生存和防御问题。

其次，一旦建立起无懈可击的防御体系，在胜率优势来临时大举进攻，就有机会实现大幅盈利的遍历性，同时控制住回撤。由此可知，交易中的首要问题是防御而不是进攻。

最后，关于进攻，在使用交易系统时一定要遵守既定的规则。只要是满足胜率优势的交易机会都积极参与，才有机会实现大幅盈利的遍历性；即使发生小幅亏损，也比因噎废食错过大的利润要好。只要是符合盈亏比原理的交易系统，长期地循规蹈矩，必定胜算在握。唯一可能导致失败的原因是大部分投资者经常更改交易系统，出现一两次亏损，即改用另一套；甚至在交易系统发出建仓或退出信号时，仍三心二意地不愿按信号执行。

经过多角度、全方位的立体阐述可知，盈亏比只是一个"道"，是制定交易策略的指导原则，并不牵涉操作层面具体的"术"。在市场波动的不确定性中，终极算法盈利能力的变现，需要"道""术"一体，下一节将解决如何把这个"道"落地为具体的"操作之术"。

第8节　最短推理链

命题4：确定性系统由盈亏比优势与胜率优势两大板块构成，交易者运用这个系统，需要遵循"最短推理链"原则。

以不同的视角为出发点，市场上长期并存多种风格的投资策略，这些策略、方法汇聚成投机世界的大陆。如果说不同的策略分属于不同的区域，那么"稳定盈利——终极算法"就是这片大陆的"中心"，高高矗立在众多区域汇合的中央地带。

普通的交易策略只提供或然的操作方法，经常把随机现象或"连续的随机"误认为市场规律，投资的总体结果与市场涨跌的不确定性一起随波逐流，并不解决"确定性"这个终极问题。因此本书提出的解决"确定性"问题的若干原则，即各种方法的"终极算法"。

市场变化的基本性质是"不确定性"。由于"终极算法"解决的是交易中最核心、意义最重大的"确定性"问题，因此它是制定各种策略的策略、驱动一切方法的方法。以此为内核，还可以建立其他各种优秀的、千变万化的个性化策略，万变不离其宗。

前文已有说明，"确定性"不存在于市场价格的上涨、下跌里面，而在交易者的操控之中；通过对亏损幅度的剪裁、控制和对盈利幅度的放大、坚持，最终得出一个通向稳定盈利的确定性系统。

这个系统以市场的基本性质"不确定性"为起点，通过盈亏比原理、遍历性原理，在投资交易中获得具有可操作性的赔率优势；但若仅仅只有赔率优势，确定性系统还存在着一个漏洞，即胜率。

因为在前文的叙述中默认交易者有最普通水平的胜率，即大众化平均水平的胜率，但这个"默认"并没有可靠的保障，所以不得不考虑最坏的情形。极端情况下，如果交易者的胜率是0，例如交易10次，亏损10次，再大的赔率优势也无用武之地，因此满足必要的"胜率"是确定性系统的重要支撑。

在经济博弈行为中，赔率优势与胜率优势二者有其一，便可大有作为。以商业保险为例，博弈双方是保险公司与保险受益人，小额保费与巨大的保险金额二者构成极不对称的盈亏比。在每一份独立的保险合同中，投保人都占据赔率优势（盈亏比优势），潜在的最大损失是所缴保费；一旦触发合同中的赔付条款,赔付的保险金额一般是所缴保费金的十倍、几十倍以上。

与此同时,保险公司占据胜率优势,由投保限制和理赔条款保证理赔协议中规定的应赔事项,必定是极小概率事件。例如一份保费为6000元、保险金额为30万元的重大疾病险,不会与70岁老人交易,30岁年轻人却会成为主要推销对象。因为70岁老人出现重大疾病是大概率事件,保险公司在没有赔率优势的情况下,不能再失去胜率优势。30岁年轻人虽然也有出现重大疾病的不确定性,但它在统计学中是极小概率事件;再如车辆保险,因无证驾驶、年检不合格、醉驾、战争等情况出现车辆受损是大概率事件,《保险法》一定会有对应的免赔条款确保这些大概率事件属于免责范围,保障自己的胜率优势。

胜率作为确定性系统的隐含条件,已在前文出现过多次,后文将会用独立的篇幅来建立具体的胜率优势——在盈亏对称的情况下,胜率大于或等于50%,即为优势;在已有的盈亏比优势下,再叠加胜率优势的乘积效应,确定性系统将无懈可击。

在现实中,提高胜率比提高盈亏比优势的难度要大一些,即使可以提高,胜率的上限也只能是90%多,即不到100%。而盈亏比可以是2∶1、3∶1,甚至是100∶1,上不封顶,即200%、300%甚至10000%。因此可以把主要精力放在提高盈亏比上面。由现实可知,实现稳定盈利并不需要想象中的超高胜率,胜率在30%至

60%这个常规区间，就可以满足条件，而这个区间的胜率，经过下一章的基本训练后，是容易达到的。

以这个区间的下限为例，10次交易，7次错误，只有3次正确，即30%的胜率，在一个盈亏比为4∶1以上的交易系统里，便可以实现稳定盈利。一旦胜率达到或超过50%，再叠加盈亏比优势，毫无疑问就是超级优异、出类拔萃的交易系统了。

大多数人所进入的误区，就是单纯追求胜率，以为实现稳定盈利靠的是90%以上乃至100%的胜率。由市场变化"不确定性"的基本性质可知，这个方向的出发点就错了，无论付出多少代价，永远也无法到达终点。而没有盈亏比优势的交易系统，即使胜率达到90%，10次交易，9次盈利，但只要1次交易大幅亏损，总体收益依然是负数。

市场变化在上涨、下跌方面总体上呈现为不确定性。但在每一个当下，各类不同的视角却具有局部确定性。譬如天气变化总体也是不确定性，天有不测之风云，但在当下时刻，它是确定的：或者晴空万里，或者暴雨倾盆；在季节上，也有确定性：夏季炎热，冬季寒冷；当市场中的各种局部确定性混合在一起之后，才出现了不确定性。

交易就是时间的微积分，把握每一个局部确定的当下，就可以无限逼近那个满足交易系统的较高胜率优势。

交易者所面对的市场，可以分割为几个简单的局部。其中每一个局部之下，按不同的时段、不同的视角，又可以再分为更具体、更微小的局部，其所对应的区域很容易找出确定性。例如本季度经营数据的好坏，本财年公司盈利能力的增减，走势当天是上涨或下跌，涨幅、跌幅的大小，账户当下的盈利或者亏损，等等。

这些把复杂问题分解成多个简单局部的过程，相当于"微分"；基于微分后的局部确定性，很容易就能制定具有针对性的操作细节。例如什么是合格目标、什么是建仓时机、什么是退出条件，然后把这些细节，遵照盈亏比原则组合起来，以道御之，得到的就是确定性交易系统。**通过把市场状况细致分割、再组合的方法，可以搭建一座从局部确定性通向胜率优势的桥梁，这个过程就相当于"积分"。**

综上所述，盈亏比优势与胜率优势两大板块构成确定性系统。盈亏比优势从"市场变化的基本性质是不确定性"开始，并强调几个要素——累积性、前置性、内核性，以及执行中的遍历性，这些是稳定盈利交易系统应遵循的原理、原则，是"道"；后文要构建的"胜率优势"，将从公司、股票、交易者三大视角锁定一系列局部确定性，它们是交易中具体的操作方法，是"术"。稳定盈利，便建立在这个道与术构成的终极算法上。

由以上可知，整个确定性系统牵涉众多需要关注的点。在实战中，这些点牵一发而动全身，甚至不同的点可能会得出相互矛盾的结论。

例1，一个以基本面视角为主要策略的交易者，在合格的走势位置买入某股票，此后价格下跌，直接跌破盈亏比原则下预定的退出位置。而公司财务状况以及经营数据显示基本面并未变坏，还有成长性加速的迹象，那么是否需要退出？到底是以当下走势状况还是以基本面状况为操作依据？

例2，期货类某矿产资源近期连续大涨，市场上经常看到该期货价格"即将大跌"之类财经资讯，如果此时建仓，是做空，还是做多？

例3，一个技术面交易者在日线走势上看到的当前趋势是上涨，在5分钟走势上看到的当前趋势是下跌，到底以哪个判断为依据来决定自己的下一步操作？

例4，上一次交易执行止损退出后，价格却大幅上涨；在某一次做空的交易中，遇到走势上涨击穿止损线，执行止损退出后，走势却大幅下跌，形成预期中的空头走势，那么这一次又遇到类似的情况，是否要退出？

例5，一个基本面策略的交易者选择建仓目标的标准是具有稳定成长性的优质小盘股，但是不知道这个股票买入后会不会下跌，是否要放弃？

例6，某一类具有胜率优势的位置，前几笔交易都是亏损，这次又遇到同类型位置，是否参与？

在运用交易系统的过程中，为解决以上似是而非的"矛盾"，保障操作流畅且不违背遍历性，在此提出一个重要原则——"最短推理链"原则。

一个牵涉许多要点的交易系统，就像一个计算机程序——运算节点越短，运行就越快、越流畅；一个需要执行的系统，推理链路越长，变量就越多。在推理链的远端，依据不同决策点所作的判断，极大概率会得出不同的结论，影响系统的运行效率。

在交易中，什么东西与账户盈、亏的相关性最近？答案是价格。市场里一切有效信息，无论是基本面、技术面还是其他任何视角，最终都会反映到价格上来。如果有某种因素自始至终不会被价格反映，无论这个因素多么高大上、多么权威、神秘，均等同于无效信息。

因此，当不同的决策点得出的结论相互矛盾、难以取舍时，以价格为判断依据就是推理链最短的路径。由于市场价格是关于时间的函数（走势图上，价格是纵坐标，时间是横坐标），以价格为判断依据，即以"走势价格"为判断依据。

当不同的时间周期各自代表的走势方向相互抵触，以当前的时间、当前所选择的交易周期为准，就是"最短推理链"。

其他各个方面，例如未来成长性、市场传闻、后续可能性、个人预期、其他走势周期等，都是从更长的推理步骤间接得出，具有较多变量。推理步骤、环节越多，包含的总变量越多，意味着不确定性越大，怎么可以作为当下决策的依据呢？

确定了"最短推理链"这个原则之后，现在回看前面的几个问题，就迎刃而解了。

例1，遵照"最短推理链"原则，以当前价格为判断依据，立即退出，这也是符合遍历性要求的。否则，以"未来的""可能的"市场预期，以及"基本面的"情况为依据，推理出后面走势会大幅上涨，这个推理链就比较长，存在较多变量。只要其中任何一项可能性不如预期，都会导致预期落空。本次交易退出之后，下次出现新的机会，可以再次介入；并不会因此错失较长推理链提供的潜在机会，同时也符合盈亏比的要素1"累积性"的要求。

小幅亏损是如何扩展为大幅亏损的？正是没有遵循"最短推理链"原则，舍近求远，不以当下事实为依据，而以"未来的""可能的"较远的判断为操作依据，在遍历性之下，发生大幅亏损是必然的。

同理，在盈利幅度方面，自作聪明地"猜顶"，也是以尚未发生的、未来不确定事件为依据；不是以当下的、眼前的事实为准——既然现在没有出现"顶"，当然继续持仓不变。

例2，近期连续大涨是"正在发生"的，是已经确定的事；"即将大跌的传闻"是在未来才可能发生的，是不确定的事件。依最短推理链原则，顺势做多；但并不意味着教条主义，一直顽固看涨，如果未来下跌成为事实，依然按照"最短推理链"原则，在那个时候再做空（卖出）。

例3，如果你的交易周期是日线，日线就是最短推理链，便以日线为主，其余为次；如果交易周期是5分钟走势，5分钟走势就是最短推理链，以它为主，其余为次。

例4，按照"最短推理链"原则，本次交易只考虑"这一次"的具体情况，执行纪律，当然是退出；至于"上一次"的情况，距离就比较远了，不作为决策依据。

例5，该策略最短推理链，需要考察的是：公司盈利状况是否稳定？净利润规模是否具有成长性？股本大小是否符合要求？由这些决定是否可以买入。至于"买入之后会不会下跌"，那是之后的事；买入之后再根据当时的实际情况处理。

例6，"这次"交易，以当前情况为准才是最短推理链，"前两次"是更远的状况。如果每次交易都考虑到情况各不相同的"前几次""某年某次"，各种互相矛盾的结论混杂在一起就无所适从了。只要胜率优势的判断标准是成立的，遍历性会让你获胜。

本节观点相当于确定性系统的"使用说明书"——在交易中需要一个使用该系统的"操作原则"来以最快速度厘清某些"似是而非"、看起来存在矛盾的冲突。

举个例子，如果把人当作一个系统，那么心脏就是一个子系统。心脏在跳动时，根本不需要知道整个身体的运动状况，它只要根据神经、激素水平的变化来决定跳动的快慢就可以了。如果心脏硬要多管闲事，越位去了解整个身体的状态，预测主人下一个时间段可能要干什么，以此决定自己是否需要跳动或调节跳动的快慢，那反而会弄巧成拙。

如果把军队当作一个系统，军人执行战斗任务时，只需要服从并彻底执行与自己级别最近的上一级命令，整个庞大的作战系统就能高效地协同运转。如果各级士兵、军官都要越级推测国家政治与外交策略、军区级战略意图、团营级战术部署，由于各级、各单位所肩负的战略战术任务不同，会发现不同层级的信息往往是互相冲突的：例如在防守的时候，有的单位担任进攻、袭扰任务；在进攻的时候，有的单位担任诱敌、防御任务。如果士兵不执行与自己级别最近的上一级（班长）命令，就根本不知道自己该做什么。所以，"服从上级命令"与"逐级指挥"原则，就是军队行动的最短推理链。

人有两条腿，但走路一不协调，就可能会把自己绊倒。蜈蚣有那么多条腿，为什么走路的时候不会把自己绊倒？难道蜈蚣的脑袋一直在掌控每只脚的位置，通过计算来决定该挪动哪只脚吗？其实蜈蚣根本不需要计算，它在爬行的时候，每只脚都遵循了同一个行为规则，那就是"不妨碍相邻的脚"。只要满足了这个条件，蜈蚣就能有条不紊地前进并产生和谐的节奏。这就是蜈蚣的最短推理链，也是交易者该遵循的"系统操作原则"。

以上举例可以说明：只要遵照"最短推理链"原则，不但可以流畅地处理当下情况，而且整个交易系统中各要素都因此相互协调。每当交易者在繁杂的信息里犹豫不决、难以取舍时，"最短推理链"原则可以快刀斩乱麻，迅速作出最优选择。

确定性系统需建立盈亏比优势与胜率优势两大支柱，盈亏比部分目前已阐述详尽，下一部分即开始构建另一大支柱——胜率优势。

第二章

胜率优势

第9节　局部确定性

定理二：市场变化的不确定性是整体论，分解之后可以得到局部确定性。

市场同时存在多重视角，当它们混合在一起的时候，所表达出来的特征是混沌的，即不确定性；但把各类视角逐一分解之后，可以得到每一种视角下的局部确定性。

正如我们所居住的空间，往无垠的方向扩展，总体上是一个弯曲的N维黎曼流形空间。把它分解之后，在每一个较小的局部，可以得到一个曲率处处为0的平坦流形，即三角形内角和为180度的欧几里得三维空间，里面随处可见容易测算的直线与平面。

股市的视角分类有限，同一视角内，大多数投机者获取到的信息雷同，分析问题时依赖的底层逻辑相似。遵循这个分析路径，不同的投资者往往得出相同的结果——局部确定性就在其中。

市场一切信息最终映射为价格，即二维图表上的走势图。其构造方式正满足一个"连续流形"，且在时间上不可逆。价格图表一方面是市场参与者精神空间的波动，另一方面也是几何图表，二者即思想与语言的关系——价格图表反映了投资者的精神思想。在这个平坦界面，当市场变化以走势图的形式坠入几何可以捕捉的世界，便从走势视角提供了抓取局部确定性的机会。

无论是往大的方向扩展，大到月线、年线、宏观周期、国际经济走势，还是往小的方向扩展，小到30分钟级别（周期）、5分钟级别（周期）、1分钟级别（周期），甚至高频交易里毫秒级别，各周期的走势都拥有同一种逻辑结构。

上述有关几何的话题只不过是对"局部确定性"稍做初步描述，市场当然不可能仅限于此。以股市为例，现在随笔者从头开始来厘清市场的源流。

股票是什么？
上市公司的证券。

市场是什么？
交易者在买、卖这些证券。

公司 股票 交易者

此三者，每一个方面都足以成为一个天然视角，市场里上百年以来的各种交易理念，都隶属于这三个大视角下面的某一个分支。

价值投资的视角——投资可靠的内在价值，追求长期成长性，重视基本面盈利能力的变化，同时兼顾价格上的安全边际以控制风险，立足点是公司（企业）。

市场走势分析者，注重走势价格以及成交量当下的位置态势，通过价、量变化判断筹码买、卖双方的供求关系，讲究择时、顺势，立足点是股票。

市场情绪分析者，以市场参与者的行为范式为重点分析对象——博弈双方的相互决定性（反身性）。市场参与者的从众心理、贪婪和恐惧等，这些认知上的不完备性，经常造成种种偏见。这些偏见形成的共识在塑造市场行情方面起到不可忽略的作用。

三大视角，共同构成了市场的全部。

这是一个最全面、最符合市场现实的框架。有了这个框架，就能把一切关于股市的知识统一起来，隶属于这个框架之内。换句话说，世界上其他一切关于交易的知识，都可以作为"终极算法"里面某一个或某几个知识点的详解，从中找到自己的位置。

混沌的市场既可以分解为三，又可以统而为一，但是每一个视角都认为自己看到的是世界的全部，所以现实中的谬误、局限由此而来。

受众广大的价值投资派觉得走势分析者不可理喻；走势分析

派对价值投资者嗤之以鼻——双方都是各执偏见。

股票是上市公司的证券，没有上市公司，哪来的股票？纯粹的价值投资派，重点是分析股票背后的公司，但他们否定市场走势。具体表现就是把走势分析者称为"图表派"，认为舍弃公司而妄求于图表，是舍本逐末。但这个图表不是某个画家的大作，也不是某个交易者的涂鸦，而是市场合力真金白银博弈出来的结果，包括一切价值投资者的观点，亦被吸纳在走势图表之内。

如果股票价格仅仅是关于公司价值的简单算术，那么市场走势的波动从何而来？没有这个波动，价值投资者就无法兑现买入、卖出之间的差价。任何价值投资者，本身也在市场涨跌的不确定性中，并由价格走势决定其盈亏。

纯粹从市场走势视角出发的投机者，重点就是分析价格走势。但是他们无视股票所代表的不同公司之间，其行业状况、盈利能力和成长性的差别。如果价格仅由走势层面的博弈决定，那么盈利能力不同的公司，从长期趋势去看，为什么走势有天壤之别？

纯粹的市场情绪投机者，研究交易者的行为特征，例如反身性、跟风心理、恐惧心理、过激反应等，就是重点分析市场参与者的行为范式。但是他们无视走势的内在规律和基本面差异，容易误入"资金万能""主力操控一切"的巫术臆测。

公司、股票、交易者，这三大视角少了任意一个，股市都不会存在；所以，片面视角都是各执偏见而不自知。

这三者，又在不同的时间框架下运行。

公司方面，是内在价值、利润增速的持续性以及未来成长空间，这是一个中长期的时间框架。

股票走势方面，是位置、价量关系，以及上涨、下跌、盘整的转折和延续，这是一个短中期时间框架。

市场情绪方面，是大盘环境、板块轮动、题材热点、乌合之众的跟风与踩踏，是场内资金与场外资金的博弈，这是一个短期时间框架。

没有时间框架概念就会出现决策混乱，更容易迷失在市场的波动里。例如有一个人，他是一个价值投资者，当他找到一个满意的目标买入后，连续几天亏损，就生气地把股票全部清仓，大骂价值投资误人子弟，信仰崩塌。这问题出在哪里？——没有时间框架的概念，一个需要长期时间来实现的回报，却要求短期就见到效果，甚至可立即兑现。

还有的人，跟风乘势高人气强势股，坚信某个题材、某个公司如何如何好，股价上涨后，更是爱不释手、信心满满，期望持有一年翻倍。结果高位见顶后开始连续下跌，一年后腰斩。这类交易者会严重怀疑自己的知识也许全是错的。这也是时间框架不对，把短期时间框架的模式（市场情绪）当作长期的了。

所以，三大视角+三大时间框架，交织在一起才是市场的全部。

不能从全面的视角来看待市场就会出现偏见。举一个最具有代表性的普遍错误例子：如果有一个交易策略，它是以市场走势分析为主的，就会说"一切股票都是用来交换的筹码，都是无差别的废纸"。

潜台词就是可以无视上市公司实体，没有好坏之分，全是击鼓传花的博弈游戏。那为什么基本面优秀的和基本面差的两类股票，从一个长期时间框架去看，前者走出了周线、月线级别的上涨趋势，后者仅仅是盘整震荡或者下跌走势？这正是股票背后的实体公司对股价走势具有确定性影响 的铁证。

由于此类确定性前面要附加隐含条件长期时间框架，所以这个确定性是局部的，不是在一切时间框架都成立，比如在超短线交易周期上就体现不出来，但不影响这个局部确定性堪当大任。全球金融市场的投机资本，其中很大一部分是立足于价值投资视角进行管理的。不同之处在于：有的资金管理者意识到了它是局部确定，有的资金管理者单纯地认为它是绝对确定。不同的认知水平，导致收益结果的极大差异。

如果你继续接触关于股市的交易策略，这类策略是以证券的价值分析为主的，就会说"一切市场（图表）分析都是不可能做到的，在实践中不可能有效。它的逻辑是错误的，证券的内在价值是主体，价格只是它的影子，人不可能知道影子会去哪里"。这是典型的以自己的局限去判定另一种全然不同的视角成像。只承认公司的内在价值，那么请问：同一个公司，为什么在较短的时期内，价格时而急速上涨时而连续下跌？难道内在价值像夜空中的萤火虫一样，忽上忽下？

其错误在于：他否定了公司股票作为一个流通的交易凭证在不同交易者之间换手的博弈性；否定了市场交易作为一种买入、卖出的群体行为，股票与市场资金必然存在供求关系的变化。当股票供不应求时，价格就会上涨；股票供大于求，价格就会下跌，供求关系直接决定当下的价格。

另外，一切股票的交易者都是人，不管是基本面视角也好，技术面视角也好，在投资活动中，其行为动机的底层逻辑都是一样的，例如贪婪、恐惧以及过度反应。这种群体性的偏见和趋利避害的交易行为一遍又一遍地重复，导致走势结构在所有的走势级别上具有相似性。

因此，股市的三大视角，对应着三类决策模式，即三类可抓取的局部确定性。

1. 基本面分析——通过对公司盈利能力增长性的分析，购入优质的生钱资产，立足长期主义，凭借公司市值的增长获得回报。在盈利能力公式里，这个确定性往往用来容纳较多的资金量以放大交易规模。

2. 走势分析——重视走势趋势、位置，发现具有较大胜率优势的买点、卖点。走势分析直接以走势图的动力以及形态为主要参考，由于市场走势反映一切，而且它可以提供最直观、公平的信息——在各周期走势上，只要有涨跌波动，就存在可捕捉的交易机会。因此走势分析视角天然适用于交易策略高效、重复执行。这方面的确定性往往用来提高交易频率以放大交易规模。

3. 市场情绪分析——市场的交易者是人，市场情绪即交易者群体的情绪。这类情绪往往极为敏感和轻信流言，在交易者群体的行为范式下，各种信息流对交易者心理的扰动会产生带有偏见的多、空情绪。一个微弱的信息，或者亏钱效应、赚钱效应，一旦从某个信息渠道被交易者们获知，有限的亏钱效应会被迅速放大为恐慌，有限的赚钱效应则快速蔓延成狂热。在很多走势的关键位置，市场情绪往往左右发展方向。

市场情绪即战场上的军心士气，士气高昂，则以一当十、摧枯拉朽；士气低落，则草木皆兵、一溃千里。

一门科学，最主要的工作是立好前面的基础框架。基础框架有了，后面具体应用都是水到渠成的事，比较简单。

举个例子：随机找一个大学生和一个小学生，让他们同时学习一种全新的操作技能，大学生一点就通，甚至能创新出更好的操作方式；小学生操作起来则非常困难，即使勉强学会了，但具体情况稍有变动立马又无所适从了——这就是不同层次的基础知识导致的差异。

"终极算法"系列，就是关于交易、投资的"大学"。有了这个知识结构，后面解决任何应用层面的具体问题，都能够一点就通，甚至能创新出更好的操作方式。

市场的三大视角，一直存在着局部确定性，无论交易者是否意识到，它都一直存在。否则就不会有如此多的人来到这个市场投资、交易，并且有一部分人以此为职业。

由此可以证明以下命题。

引理1：不同的视角之间，具有内在统一性。

不同视角，顾名思义，已经说明了其各种性质都属于同一事物，只是从不同的视角去看而已。就像描述一块石头，虽然它的颜色是黄的、形状是圆的、元素是硅、所处的位置是山顶，从表面上看起来各种属性互不相同，但都属于同一块石头的性质。

世上不存在凌空悬浮、没有依托的视角。不同视角共同的依托，是交易者的精神世界。在信息时代，同一个视角几乎可以影响大量交易者的精神世界，由于群体的行为趋同性，各种视角充分博弈之后产生的结果都是"价格"。

正如乘坐交通工具从昆明到北京，可以从昆明往东南沿海、中部地区、西部地区三个方向出发，最后到达同一终点。三大视角只不过是交易者从精神世界同一起点出发,到达同一终点(价格)的三条通道——这就是它们的内在统一性。

市场的各种动态变化,无论是基本面、走势面,还是市场情绪,都混杂在一起,以信息流的形式展现在眼前。由于交易者的视角偏好不同,容易选择性"失明",潜意识只喜欢把符合自己偏好和期望的信息提取出来,同时自动过滤掉其他有效信息。

从这个角度来说,市场即交易者内心世界的表象。市场就像一个钟摆,永远在短暂的乐观和反应过度的悲观之间无聊地摆动,从来没有平静的时刻。身处其中的每一个交易者,都可以分属于三大视角中的某一个,或者是2~3个的混合体。

1. 有的人跟随资讯、亲友、意见领袖的信息交易,跟随市场当下的赚钱效应、亏钱效应进出。无意中,这是跟随了市场情绪进行交易。

2. 有的人分析走势形态、位置,据此决定买入卖出时机。这是隶属于股票走势视角下面的一个分支。

3. 有的人在行业间横向对比上市公司经营状况、利润数据,宏观上推测经济环境、行业成长性,跟踪上市公司基本面动态变化,从历史表现纵向对比该公司的盈利能力,以此判断目标股票是否存在上涨空间。这是隶属于公司视角下面的一个分支。

以上三句,每一句的前半部分,跟随、分析、对比、推测,是股民的主观行为。上溯三大视角源头，都指向一个统一的实质——交易者的精神世界。"市场共识"由此产生。

每一句的后半部分，赚钱效应、亏钱效应，形态、位置，经营状况、利润数据、基本面动态变化，是市场的客观存在，也指向一个统一的实质——盈利效应与亏损效应。

由此统一之后再分解，可以得到更清晰的市场图景。

所谓市场情绪，对应的就是某个时期持仓的股民盈利效应强弱。盈利效应强，则士气高昂，做多意愿强烈；亏损效应明显，则士气低落、军心动摇，难有行情。从市场情绪短期时间框架来看，前面的交易者是否盈利是市场情绪的要点。

例如牛市，就是前面持仓的交易者强大的赚钱效应把市场情绪推向沸点。如果大盘暴跌，亏损效应会引发更多的抛盘，导致市场走势进一步下跌，市场情绪随之降至冰点。

从公司基本面视角出发的一切决策依据以及静态数据分析、动态信息跟踪，也只有唯一的要点——公司盈利能力。

某家公司是盈利，还是亏损？未来净利润是增加的，还是减少的？公司的盈利能力是持续稳定的，还是不稳定、不可持续的？从动态信息来看，目前公司基本面的某个变化，会让公司未来盈利增加（利好），还是减少（利空）？

上市公司盈利确定性增加且增速明确，市值对应的是长期上升趋势。由于马太效应以及交易者的过激反应，市值的增速会远远大于公司盈利实际增速。例如市场前景广阔且有竞争壁垒的新兴产业、概念最能激发交易者的想象力，市场共识往往愿意给出偏高的估值。

盈利能力降低，而且是确定性衰退，例如已被淘汰、被政策明确限制的产业方向，或者经营不善、在竞争中失败的公司，市值对应的是长期下跌趋势。

走势视角，参考各种形态、价量关系、趋势方向等反映市场合力的统计数据，就是为了获得一个具有"盈亏比"优势的走势位置，它比预判方向更重要。例如，从做多的角度，追高就不具备盈亏比优势，因为潜在的盈利空间小而亏损的空间大。理想的位置应该在顺势买点（上涨走势回调底分型附近）或者转折买点（下跌衰竭第一个底分型附近），做空的情形与之同理。

综上所述，可知三大视角分析的要点都是盈利能力——这也是分析路径上的"终极算法"。

基本面：上市公司的盈利能力或亏损状况。

走势面：走势位置的盈利空间与亏损空间。

市场情绪：当下盘面的盈利效应与亏损效应。

即使是不同的分析视角，但都指向了盈利能力这个统一的实质，进而为投机者趋利避害提供了清晰的路径地图。

"终极算法"用盈亏比统一了如同漫天繁星一样多的各类交易系统，用三大视角统一了长期分裂的不同分析流派。 在统一后的终极算法下，三大视角都可以找到自己合适的位置，而且不同视角之间可以协同作战，发挥更大优势。

如果把交易类比于战争，基本面相当于较长时间框架下的战略方向，是政治层面的；走势面相当于中期时间框架下的战术部署，是军事层面的；市场情绪相当于最短时间框架下的军心士气，往往也可以左右当下的战场态势。高昂的士气，可以一敌十，锐不可当；萎靡的士气，即使人数众多，也容易不战自溃。一个上涨的大盘指数，可以令早盘大幅低开的股票陆续反转拉升；而突然暴跌的大盘指数，可以让已经涨停的股票纷纷跳水——这就是市场情绪的明证。

政治决定军事，军事是政治的延伸；但军事上的成败也会反过来影响政治。在政治有利的前提下，得道多助，失道寡助，军事行动容易成功，政治目标得以实现。反之，如果军事行动失败，政治目标也将成为空谈。

基本面决定走势的宏观方向，走势是基本面预期的延伸，但走势面进出场的时机、位置也直接决定一次交易的盈亏。基本面有利的股票容易成为主流资金的共识，胜率较大，但若在不利的走势位置买入、卖出，照样会以亏损收场。另外，对走势分析非常熟练、敏捷的交易者，如果缺乏基本面的战略定力，在无常的市场涨跌中容易陷入琐碎的波动疲于招架，难有建树——辛勤买卖千百次，回头一看，还不如以静制动效益高。

综上所述，只有战略（基本面）、战术（走势面）以及临阵应变（市场情绪）宏微兼顾，才能形成一个多层次的立体操作。其中，不同视角的界限已经被抹去，各个视角被变换成了交易中不同的"时间框架"。

市场本不存在绝对的视角，所谓视角，如基本面、走势面、市场情绪等，仅仅是自我形成、自我强化、自我验证的几种分析方法所构成的市场共识而已。

引理2：局部确定性源自三大视角把交易者分散的观点汇聚成市场共识，塑造出价格。

交易者个体的观点如同水滴，其多样性几乎是无限的，但可以形成的市场共识是有限的。三大视角，分别是三种最大的市场共识，就像长江、黄河是国内最大的主干河流一样，亿万水滴，千百支流，最终大部分汇聚到这两条河道。

我们不知道水会流去哪里，但可以找到河流的走向——同时也就确定了水的流向。同理，只要确定了市场共识的方向，自然也就能确定交易者资金的流向。

由于证券化估值的极大弹性，天然合理的价格几乎是不存在的。估值可以低于净资产，也可以市盈率数百倍。从"存在即合理"的角度，只有市场共识才是价格的直接支撑。表面上看起来是基本面、走势面、市场情绪这些视角在驱动价格，实际上是更底层的市场共识在驱动。就像人们表面上看起来是为纸币、职位、荣誉等在奋斗，实际上是为欲望而奋斗。纸币、职位、荣誉等，只是实现欲望的形式，欲望才是人们奋斗的终极驱动。

举个极端例子：某人认为股票代码带有多个"8"的吉祥数字，后市可能上涨；或者认为自己上一次在某个股票盈利了，出于好感，认为该股票后市会上涨；或者因为自己喜欢某家上市公司产品，或其他稀奇古怪的原因看涨某股票。但是持相同观点的投资者很少，市场价格当然不会因为某人看涨而上涨；只会因为市场共识看涨而上涨，即"预期的自我实现"。

因此，以具有最大市场共识的行为范式作为自己的分析路径，成功率最高。即"以市场的视角为自己的视角"，相当于在资金流的必经之路拦截——这是另一个局部确定性。

前文说到代码带有多个"8"的股票并不会因此上涨，因为市场共识不够。但这个讨论并非笑话，带有多个"8"的电话号码、车牌号码、旧币编码，确实会因此升值。其中没有什么神秘道理，只不过是车和电话的用户、集币爱好者，对这个吉祥数字的价值形成了足够统一的市场共识，仅此而已。然后它的升值又自我强化了这种市场共识。

实际上，在股市里，只要股票名字与某个热点概念产生莫须有的关联，一旦形成市场共识，即使上市公司反复辟谣，股价也会受到明显扰动。由此可见市场共识对价格走势的直接作用力。荒唐的共识都可以如此，更不用说属于主流分析策略的三大视角了。

以此类推，古董的价格、艺术品的价格、信息的价格、品牌的价格、虚拟货币的价格、IP的价格、地王的价格、资源的价格、证券的价格等的直接支撑都是市场共识。内在价值只是锚定，是间接支撑，因为内在价值必须通过市场共识才能体现到价格上。

有的甚至彻底省略内在价值，仅以市场共识定价——比特币、狗狗币、狗屎币等虚拟币的创始人，对这些自己发行的币给出的初始定价只有0.00001美分/个，这就是它的内在价值部分；后面的价格，上涨到每个几十美元乃至几万美元不等，其余部分都是市场共识的溢价。

继续深入剖析可以知道，三大视角有一个共同隐含前提：其他人也有雷同的分析路径、持相似的观点，才能转化出足够多的资金量来影响筹码的供求关系。否则，如果只有极少数交易者以一种稀奇古怪的方法得出某个独特结论——某某股票如何好、某种形态如何好、某某公司如何好，但是这些结论与其他人的分析路径不在一个频道上，就会因为缺乏市场共识而没有足够的资金量推动，致使价格不可能出现预期中的上涨或下跌。所以，依据"闭门造车"的结论判断市场，胜率很低。因为它脱离了价格上涨、下跌的底层逻辑——市场共识。

未来的价格变化具有不确定性，但市场共识的分类是有限的。交易者无穷多样的观点，最终汇聚为三大视角，每一种都具有局部确定性。

例如，基本面数据是好还是坏？往下可以具体到净利润增速、净利润金额，30%比10%是多还是少？5亿元与20亿元哪个多？行业第1名市占率大还是第5名市占率大？公司主营利润近几个财年是增长的还是减少的？销售毛利率、行业赛道如何？等等此类，都有确定性结论。

走势方面，以日线为交易周期，目前是上涨趋势还是下跌趋势？目前位置是否具有盈亏比优势？成交量是大还是小？相邻两个顶、底点的关系，是上升的还是下降的？等等此类，也有确定性结论。

市场情绪方面，大盘走势是强还是弱？当下市场热点概念、题材是哪些板块？市场目前交易胜率是高还是低？等等此类，结论都是确定性的。

以上三类视角博弈的结果最终都会在市场走势里汇总体现——当不同视角预期的方向相同时，则表现为"共振"，即流畅的单边走势；当交易者从不同的视角得出相反的结论，各个方向的作用力相互抵抗，则表现为"冲突"，最终表现出来的就是盘整走势。

出现共振的情况，例如某公司被价值投资者认为很好，当前价格又具备足够的安全边际，买入后，由于其他具有相同"分析路径"的价值投资者陆陆续续也得出相似结论——一致认为该公司具备足够的内在价值，这后续买入的资金就成了推动股价上涨的量。短期时间框架上，有人从走势面视角看空，中途又有卖出的，这个过程将导致一个次级别下跌。

与此同时，很多人继续从基本面视角看涨，源源不断加入做多的队伍，前面次级别下跌又转折为上涨。从走势的角度去看，这一过程体现出来的就是一个股票在上涨走势中，产生了下跌底分型，其低点高于前面底分型低点。

价值投资者由于要获得安全边际的保护，会在价格低于其内在价值的区间买入。市场走势分析者由于要获得有利盈亏比的保护，会以上涨走势底分型的底部附近作为支撑位。最终，两种视角的人很可能在同一位置作出一样的选择——买入。

还有一种情况就是，不同视角得出的结论相冲突，市场变化的不确定性由此产生。

当基本面形成的市场共识看涨某股票（或期货），短期上涨后，走势面上成交量暴增、获利盘增加。由于市场的博弈性，很多交易者选择在此卖出。此时基本面情况并没有变化，但走势视角下，"股票"—"资金"两者的供求关系与以前不同了。

大量"卖出"之后将出现第一个顶部，这个"顶部"对走势分析视角来说是下跌的信号——导致足够多的、笃信走势视角的交易者在该处达成"共识",一致卖出。这种"市场预期的自我实现"将进一步引发更多的抛盘,使之继续下跌。如果此时大盘也下跌,士气低迷、赚钱效应弱,在市场情绪与走势面的共振下,该品种(股票或期货)会创造更大跌幅。

上述情况,走势面与基本面二者是冲突的,但与市场情绪共振。依此类推,三大视角的关系可以有多种组合:例如有的股票在板块做多情绪高昂的氛围下,连续大幅上涨,短期赚钱效应吸引了大量跟风盘,把价格推至更高位置。与此同时,由于缺乏足够的基本面内在价值即"市场共识"支撑,从"公司"视角看问题的交易者将得出看跌的结论,与技术面的上涨走势相冲突——而这种"预期"又被其他博弈对手提前"预判"并立即付诸行动——绝大多数此类上涨因此快速回落,进入下跌走势。

综上所述,三大视角的每一种都参与了价格塑造,它们相互关联又相互制约。要获得市场变化的局部确定性,交易者需要做的就是在三大视角的混沌中辨明主次,辨别在不同的时间分别是哪一种视角起主导作用。

在最短的时间框架上,市场情绪起主导作用。所以经常看到:如果综合指数大阳线,上千个股票普涨;如果指数大阴线,上千个股票普跌,与个股的基本面甚至走势面完全脱离联系。

在较长时间框架上,基本面起主导作用。几乎所有走势呈月线、年线级别上涨的大牛股，无一例外都是基本面市场共识的持续推动——该类公司的产品或服务有足够多的刚需，在商业经营上有深广的护城河、高额的净利润和稳健的营收增速，这些内在价值驱动了市值连续上涨。

由于满足此类优质条件的"公司"是稀缺的，市场参与者反应过度，大量资金流汇聚于此，从而造成有限的流通股（筹码）供不应求，把市值托举到市盈率百倍，市值以千亿、万亿为单位的高度——全球股市皆然。期货趋势中的大级别单边行情，也必定是基本面驱动。

而同一个问题的另一面，价格呈月线、年线漫长下跌的股票，也都是基本面表现较差。

三类视角交错在一起，时而并行不悖（共振），时而相互制约（冲突）。交易者身处其中，无论是否理解，它们都依据其内在的轨道运行，不受个别的看法影响。

为了从局部确定性获取胜率优势，交易者需要全面了解三大视角，从整体认识局部，加强逻辑因果的深度。这样才能把握好自己的交易节奏，妥善处置当下的操作。

举个例子，一个单一的视角，如果只会从基本面的角度看问题，就会经常遇到另一种交易视角也在塑造价格。例如走势面、市场情绪交易视角照样可以达成有足够影响力的"市场共识"并造成走势大幅波动；又如"顺势交易"者，只会因为价格的上涨而做多，因为价格的下跌而卖空，他们按照自己交易系统"最短推理链"原则行事，不问其他理由。

这导致原本上涨的，涨得更高，脱离基本面；原本下跌的，跌得更多，也脱离基本面——然而当下价格就是最大的事实，是市场合力博弈的结果。单一视角的交易者，会因为原来的交易维度无法解释眼前的状况而怀疑人生、陷入迷茫。

从单一的基本面视角看问题，最严重的后果就是会在遍历性的作用下覆灭。从前文盈亏比原理可知，在执行中，最短推理链是价格，忽略走势面就是忽略价格。

前文已有说明，当下的价格本质上是由市场共识而非基本面决定的，基本面仅仅作为凝聚市场共识的一种视角、一个理由而存在。在基本面没有改变的情况下，此类单一视角交易者会忽视走势面的变化，缺乏当下的随机应变，会因已经大幅下跌而不知所措；或者固守成见，如同尾生抱柱，至死方休。

所以，走势面一次大幅下跌，基本面视角的交易者就会被团灭，这种景象在古老的投机市场不断重现。

除基本面之外，一个单一的视角，如果只会从走势面看问题，就会把不同公司的股票一视同仁。短期上稍有挫折，就轻易放弃基本面具有重大成长性和价值支撑的股票，换到另一个经营状况一塌糊涂的股票辛苦招架而不自知。因为在纯粹的走势分析者眼中，所有股票都只是一幅K线图。

对比一下股票（期货）的大级别走势图，在长期时间框架上，价格走势必定与公司（现货）的状况遥相呼应。

就同样的缘由可知，单纯的市场情绪视角交易者，乘势借力、追涨杀跌；如果不从基本面视角深刻理解市场热点股票的上涨逻辑以及当时所处的走势位置，将会成为无头苍蝇四处出击，但盈亏比优势与胜率很低。

在证券交易的百年历史里，自我形成、自我强化、自我验证的三大视角，是绝大多数交易者所遵循的分析路径——这是市场的"自然之力"已经冲刷出的三条河道。

当我们不知道地表杂乱的水流要去哪里，只要知道了河道的走向，极大概率就能知道水的流向。由于交易者趋利避害的思维，资金在主观上不会做无厘头运动，市场庞大的资金流只会沿着交易者的分析路径流动。在这一过程中，分散的观点汇聚成有限的市场共识，成为塑造价格的直接作用力并提供了可抓取的局部确定性。

第10节　基本面

命题5：基本面凝聚了最大的市场共识。

基本面分析最简单易行。正因为简单，所以普及程度最高，获得的市场共识也最大、最稳定。这种稳定性，即局部确定性。确定性并非直接来自基本面本身，而是来自从基本面衍生的市场共识。

否则就无法解释：同一个股票在不同时期，价格时而连续上涨，时而漫长下跌；甚至上午大涨，下午大跌。或者同一时期，股票不论基本面好坏，有时候普遍大涨，有时候普遍大跌。

为什么基本面分析相对于其他视角来说最简单？因为分析的对象、数据、信息最具体，可以量化，变化最缓慢，几乎是常量。

捕捉位置确定、运动缓慢的物体，远比捕捉位置不确定、变化迅速的物体容易。

正因为这种容易——容易捕捉、容易理解，自从1934年本杰明·格雷厄姆的《证券分析》第一版面世以来，股票投资这项活动从充满迷信、赌博、神秘、臆想的原始荒原中凭空冲刷出一条河道，并逐渐被广大投资者接受、应用。该分析路径经过历代基金管理人以及价值分析交易者们的添砖加瓦，毫无悬念地成为投资界受众最广的市场共识。

由于对市场的看法必定绕不过预判：哪一类目标会得到足够多的资金流投票？交易者不能直接以某种特立独行的审美观为准，必须合乎市场主流价值观的喜好，然后跟他们站在一边。在这个过程中，自己逐渐被同化成已有市场共识的一分子。

由于基本面视角是最大的市场共识，所以预判这个分析思路所指向的目标最容易，获得的市场合力最大。这种路径依赖导致更多交易者加入这一阵营，由此凝聚成最大的市场共识，不断强化它"预期自我实现"的能力，形成较长时间框架下的确定性。

股票天然具备"股"与"票"两种属性。股，即股权的属性；票，即交易票据的属性。

走势面视角以交易票据的属性为核心，决定价格的是票据的供求关系。

基本面视角以股权的属性为核心，买入股票即买入公司对应的股权或者债权。

所以从基本面视角衡量，决定价格的是公司的价值。

现代公司有各种形态和复杂的财报数据，决定其价值的，只有一个词——盈利。

从交易的角度，公司也是商品。与其他商品的不同之处在于，公司是自身具有盈利能力的特殊商品，市值就是这个商品的价格。市值计算公式"市值=市盈率（PE）×净利润"明确地说明了这一点。

所以价值视角落地到操作层面，抹去各种公司表面上五花八门的差别，只需要分析该公司的盈利能力。

以基本面视角为立足点，商业公司的使命和存在的终极目的就是盈利。没有盈利能力的公司没有价值；盈利能力强的公司价值大；盈利能力弱的公司价值小；亏损的公司价值是负数，因为下跌走势会让本金缩水。

在这里需要注意的是：如果市场共识仅限于基本面，则盈利能力所对应的走势涨跌直接可以建立确定性；但是不要忘了，价格是由三大视角共同塑造的，走势面视角、市场情绪对其有短期扰动作用。这两大视角的交易者在各自的时间框架上，重点以走势的形态、位置、市场的风向为参考依据；他们的偏好与持基本面视角的交易者有所不同。因此基本面所对应的确定性，只是一个在特定时间框架下的局部确定性。

从信息、资讯层面来看,所谓利好,一定是公司的盈利能力即将增加或已经增加;所谓利空,一定是公司的盈利能力即将减少或已经减少。

未来盈利能力增加的,走势极大概率对应着上涨;未来盈利能力降低的,走势极大概率对应着下跌。

盈利能力改变的程度大致对应着股价走势变化的幅度。公司盈利能力的大幅改变,例如持续性大幅增加或持续性大幅减少,对应着大趋势上涨或大趋势下跌;盈利能力的小幅改变,对应着价格走势的微弱行情。

慢节奏下的传统价值投资者,买入的时机经常是公司价格向下"偏离"其内在价值的时候;信息时代加快了投资节奏的价值投资者,交易的时机往往是公司盈利能力发生突变之时。某个信息传播出来(重大利好或利空),只要关系到上市公司营收或利润的增、减,则意味着该公司盈利能力发生了突变,走势价格瞬间大幅波动——市场里客观存在的热点股票、题材、概念,都是这样诞生的。

另外,由于价格是由股票与资金二者的供求关系决定,在现实中,除了公司盈利能力变化可以影响价格,市场资金供应总量也会影响价格。入市的资金流增大,推升走势上涨;资金流减少,价格将下跌。所以在金融历史上,货币宽松往往引发大规模牛市,货币紧缩政策则容易导致交易萎靡的熊市。

价值投资与其他商业行为一样，是一种以获利为目的交易。花5毛买到一个价值1元的公司，就有了获利空间和安全边际。

有两种情况会提供这样的机会。

一种情况是，这家公司的正常价值是1元，目前价格是5毛。走势面上涨、下跌无休止地波动，提供了大量这种机会。

另一种情况是，这家公司现在价格是5毛，但未来会升值到1元——因为盈利能力的增加，其市值将升值。经济世界永不停歇地竞争、发展，提供了大量此类机会。

这里面牵涉一个初级技能：如何评估某公司正常价值与未来价值？

公司基本面性质与走势面、市场情绪相比，虽然变化缓慢，但并非不变。它是动态的，世界上每一天都发生各种变化，政策导向、货币利率、国际贸易、科技革新、行业竞争、产业链生态、公司决策、意外事件、大宗商品价格、供需关系，等等，都会导致公司盈利能力的变动，即公司价值将发生变化。

各种变化以信息流的形式影响着市场参与者的精神世界，不断形成新的市场共识扰动市场，改变现有的价格状况。题材、概念、热点的炒作，就是以公司基本面发生突变为切入点，从各种板块异动、财经资讯、公告、新闻事件中按图索骥，找出盈利能力发生突变的公司，期望在市场共识的定价作用大面积发酵之前，抢先买入，再以更高价格卖给后来者。

市场交易者每天面对若干上市公司和不断更新的信息资讯，这些信息不间断地给市场注入新的共识，扰动着几千家上市公司的定价。

所以基本面视角在交易中可以解决股票未来估值问题，例如研报评级中的目标价就是这么来的。并且在实际的走势中，往往可以自我实现。

基本面视角还可以解决另一个重大问题——现实世界里只要发生任何一个与市场相关的重大变化，可以第一时间锁定它对应的股票（或期货品种）。

基本面视角下，一切买入、卖出的决策，都是以这两个问题的答案为参考依据。

交易者会买入未来价值有升值空间的股票，卖出未来价值降低的股票。价值上升的股票因此获得持续的资金流推动，形成大级别上涨走势；价值较低的股票由于长时间被持续卖出，形成大级别下跌走势。

交易者会重视公司盈利能力大幅改变的信息，忽视与公司盈利能力无足轻重的信息。

所以，每当优质资产重组、财报扭亏为盈或者业绩大增、政策扶持、新赛道抢先卡位、新技术获得突破性进展、获得经营特许权、市场需求量大增等一系列与公司盈利能力极大关联的利好信息，只要出现以上少数几项，对应的股票会立即涌入大量的买入者。而原本持股的交易者惜售，筹码立即供不应求，上涨的效果立竿见影。

同理，每当行业衰退、经营连续亏损、需求端收缩、商业竞争失败、利润下滑、公司丑闻、产品滞销、公司资金链危机等与公司盈利能力极大相关的利空信息一出现，对应的股票立即会遭受大量持仓者主动卖出，并让场外资金加剧观望、退缩情绪。在这双重影响下，股价立即打破平衡快速下跌——这些反应都是市场共识重视公司盈利能力的表现。

当下的价格，已经体现了股票当下的价值。由以上可知，评估一个股票未来的价值，即评估该股票未来的盈利能力。

信息时代，评估一家公司盈利能力所需的各种数据容易获取。上市公司的财务报表与个股资料提供了足够详细、精确的数据，与对应公司相关的产业资讯也不难查阅。而主流观点的盈利预期更是公开信息，即使不同的价值投资者去分析这些信息，所得出的结论几乎都是一致的——基本面视角以此凝聚了最大市场共识，同时提供了局部确定性。

由于上市公司的未来价值需要通过评估该公司的盈利能力来实现，而规模较大的资金又极度依赖于预判的准确性，因此在信息上需要获得更深入、更有提前量的资料。具体做法就是直接去目标公司实地调研，深入考察该产业链的态势与发展，以获得第一手信息。

公司的未来价值是一方面，在"二八定律"和"马太效应"下，市场交易者的大部分注意力和资金流会集中在极少数"龙头股"上。实业中的行情也是如此，在交易成本相同的前提下，大多数消费者倾向于选择少数几个头部品牌。各行业、各领域都是少数几家头部公司瓜分了绝大部分市场份额。

所以基本面视角另一方面要面对的问题就是如何锁定自己所关注行业（板块、概念）的"龙头股"。办法很简单，就是"赛马"，把马儿都拉出来跑几圈，谁跑第一名，谁就是"龙头"。个股资料的几项关键数据一对比，谁名列前茅，一目了然。

行业对比一项，直接反映了公司的市场竞争力，即全行业的盈利能力排名，甚至不需要知道具体财务数据。综合能力第一名的，就是"龙头股"。

例如，净利润就是"行业对比"中的一项主要数据。能在竞争中成为净利润第一名，意味着该公司的核心竞争力也是出类拔萃的，意味着其他经营数据诸如营业总收入、销售毛利率、每股现金流都不会差，极大概率就是该行业的"龙头股"。由于第一名的稀缺性，在"马太效应"下，"龙头股"的表现远远好于该行业普通股票——这也是一项局部确定性。

净利润，即公司一个财报周期的盈利总额，间接反映了企业的总体规模和市场占有率、竞争力，以及将来应对不确定风险的能力和研发能力——如果一年的净利润是一个很大的数字，如几十亿元、几百亿元，即使将来遇到困难，也有足够的资金抵御风险和持续发展；如果一个企业，盈利的总数是一个很小的数字，如几十万元、几百万元，这种蝇量级的资金在市场竞争中是杯水车薪，难有作为。

净利润是一个静态数据。在净利润的基础上，市场更侧重于利润的增长性（成长性）。即目前净利润与历史数据、未来数据相比，所体现的态势是增长的还是降低的。例如银行股的净利润静态数值是最高的，某大型国有银行（A公司）一个财年的净利润为2000亿元至3000亿元，但这个数值非常稳定，可增长的空间有限。现在有另一家B公司，上一年是亏损的，目前扭亏为盈，本财年的净利润是2亿元。在这一组对比中，A公司的未来股价表现极大概率不如B公司，因为后者的增长性远超前者，基本面盈利能力发生了突变，需要用更高的市值重新定价。

个股的盈利能力可以通过现成数据找到清晰答案。但个股隶属于行业，受到行业景气程度的制约。对于行业的盈利能力，需要交易者理解基本的经济规律、商业规律。有的行业本身大趋势是下跌的、下降的；有的行业具备充满想象力的增长空间。所以要在盈利能力较强的行业里寻找"冠军"，作为交易的目标。

从经济规律、商业规律来说，判断一家公司的盈利能力和发展前景依然可以通用前文关于交易的公式"$Y_{max}=QG$",即一家公司的盈利能力由确定性与交易规模二者的乘积决定,这样便得到一个极其简明的关于商业分析的模型。

在商业竞争中,一家公司只要在产品技术或服务水平、产业生态或者营销体系、性价比或者品牌效应等任何一个方面建立了突出的竞争优势,就可以满足用户的需求和欲望。一旦掌握了定价权,便拥有了盈利的确定性,即核心竞争力。在确定性的基础上,通过公司这种高效率的现代商业组织,可以持续推进辐射全国、全球的规模化以获得巨大盈利。

没有任何确定性的公司,即使体量巨大也寸步难行。确定性无论大小,一旦匹配规模化的无限乘数,即使是一个微不足道的小小确定性,都可以转化为公司巨大的盈利能力。尤其是在大众刚需领域,建立了深厚技术壁垒、领跑新的赛道或行业的公司,在股权投资者和二级市场投资者的商业分析模型中拥有最好的预期。因为技术壁垒意味着确定性,刚需和新赛道,意味着交易规模的无限想象空间。

盈利能力的大小是相对的,行业排名比数字的绝对值更有说服力。净利润处于某行业或细分领域第一名的公司盈利能力最强——在该行业里价值最高,这是一组很容易理解的局部确定性。

已知一个股票,通过净利润、每股收益、销售毛利率几个财报数据可以评估其价值，通过主营增长率、净利润增长率可以评估未来成长性。

一般情况下价格已经反映公司现在的价值，后市的涨跌幅度往往取决于未来成长性。例如同行业内的公司横向比较，主营增长率、净利润增长率名列前茅的公司，意味着较好的未来成长，这个市场共识也将驱动股价上涨。反之，增长率是负数或者呈下降趋势，将驱动股价下跌。

销售毛利率，反映了一个企业的产品和服务在市场里的定价权与收益率，毛利率越高表示盈利能力越强。

从基本面视角交易，买、卖的依据就是公司的价值，直接的参考就是财报数据。狭义的财报就是目前已经公布的经营数据。有些数据不存在于目前的信息中，但它会体现在未来的财报数据上，通过简单推算即可得知。例如一家国际海运公司，由于战争和传染病疫情，目前的业务量比以前提升了2倍，运价飞涨，利润率是之前的5倍；那么这家公司未来的盈利数据是大幅增加还是减少？这是显而易见的。

每天各种财经信息、经济资讯像风一样，只要拥过股市，平静的市场便掀起阵阵波浪，涨跌不止——正是现实世界发生的这些事件，导致相关企业盈利能力发生变化，影响着未来成长性，有的上升，有的下降，股价因此需要重新调整。

公司的财报数据反映了一个企业过去和现在的经营历史，尤其是记录了企业竞争的状况，它反映了商业交易的经济本质（同时也存在无可避免的衡量误差及精心设计的人为操控）。在体现公司营收、损益的同时，也间接反映出这家企业在目前商业大环境中所处的位置。

商业环境、时代环境对于任何企业都一视同仁。从这一点出发，可以认为在一个行业里：财报数据在增长的是竞争力强的；在倒退的是竞争力弱的。如果都在增长，那么增长数值较大的是更强的；数值较小的是次强的，即使其体量比前者大。

例如主营增长率、净利润增长率即是衡量成长性的最重要标准——一家公司如果盈利是增长的，对应的市值理所当然是增长的，即价格在长期时间框架上是上涨的；反之，则是下跌的。这也是一组局部确定性。

之所以只能是局部确定性，其中的干扰来自走势视角或者市场情绪视角在某些时间节点与基本面视角的冲突——走势只有一个，三大视角都要对它施加强大的作用力，这就导致市场有时候要兑现走势面的确定性，有时候要兑现基本面的确定性，有时候要兑现市场情绪的确定性。三大视角相互嵌套、重叠，你所预期的确定性不是不来，只不过仅在特定的时间点到来。投资者要有相应的耐心和把握市场节奏的能力，才能兑现这个局部确定性。

财报数据反映了公司的盈利能力，同时也包含了很多信息噪声。例如有的盈利数据并非来自公司主营业务，属于偶然得利，如出售公司固定资产、财政补贴、临时经营副业等，这些盈利也会以数据形式无差别地出现在财报里。基本面视角交易者会认为这些收益属于不稳定的、不可持续的盈利能力。市场共识决定了这类盈利所对应的股价走势，极大概率也是不稳定、不可持续的。

有的盈利数据有人为操控嫌疑。例如上一个财年大幅亏损，本财年微小盈利，看起来净利润增速很大。这种情况除了是自然增长之外，还有一种可能就是在两个财年之间计提经营损益的时候，稍做技术上的处理就可以达到的效果。例如把分属于两年的亏损在时间上集中到上年，把分属于两年的收益集中到本年度。

过滤信息噪声，获得真正反映公司盈利能力和行业地位的数据，只需要略加对比就可以解决。

一是纵向对比历史数据。相对于以前，其经营状况是稳步上升还是逐渐下滑，或者间歇性波动？一个孤立的营收数字就像当前的股价一样，是看不出上涨、下跌趋势的，需要结合历史数据才能对比出来。

二是横向对比行业数据。一目了然，可以很便捷地知道该公司的市场规模和盈利水平、竞争力在同行业处于什么地位。原则上选择横向对比"赛马"出来的第一名、主营业务处于行业之最、净利润最大的龙头公司。甚至可以在全股市进行"赛马"，例如净利润增长率一项，用自动排序功能筛选出来名列前茅的公司，必定是全市场里面盈利能力增长性最优秀的一批。

综上所述，在公司视角下，买股票即买入公司部分股权，所以决定公司价值的就是发展、利润、增长。

三个要素是递进关系。在基本面的市场共识里，盈利能力固然重要，但如果没有增长，也就没有未来股价的增长。

因为当前的价格已经反映了当前的盈利能力，未来股价主要取决于未来的盈利能力。未来盈利能力如果是递减的，当前利润数据再高，股价大概率都是下跌的。未来盈利能力如果是增长的，即使是微小公司，股价也将上涨，直到市值与其盈利能力匹配。由于投机者的狂热情绪和过度反应，此类公司的市值往往会远超其实际盈利能力，随处可见的市盈率超过百倍、几百倍的热点股票有力地印证了这一点。

但在现实中，由于头部效应（马太效应），股价增长的确定性主要集中在盈利能力有巨大增长的少数杰出公司上，比如按照市场共识通用的估值规则，未来目标价相对于现在有50%甚至1倍、数倍以上的增长空间。盈利能力的增长率越大，股价上涨的确定性越高，这是一组简单明了的对应关系。微弱的增长率，则较难聚集足够多的资金流来推动走势上涨。

所以，源自基本面的驱动力本质上只是基于价值和盈利能力形成的市场共识，不能等同于以基本面数据为计算因子的加减乘除。因此必须考虑到在基本面状况兑现为走势价格这一过程中交易者群体心理因素的作用，才能最大程度接近事实。

从更大的经济学框架来衡量，只要和平营商这一个大环境维持不变，具有利润持续增长能力的公司，必定会有稳定上涨的股价表现。它的确定性不仅来自市场本身，而且来自外界大境——货币增发、通货膨胀、资产涨价。

在现代经济、金融中，为了促进消费、就业，脱离金本位之后的法定货币总量是永远增大的，但具有盈利能力持续成长性的资产是有限的。市场经济唯一的结果就是用更多的货币去对应有限的资产等价物。这一点可以从临时的货币政策与市场波动的对应关系得到证明：宽松型货币政策，如降准、降息，由于资金供应量增加，交易者预期市场将上涨；紧缩型货币政策，如加息、收紧信贷、减少配资，因资金供应量减少，交易者预期市场将下跌。

利润持续增长的能力在市场竞争中非常稀缺。能保障盈利能力持续增长的，一般来自技术壁垒或者经营上的垄断能力。其产品需求是长久的、稳定的，且在市场中没有实力相当的竞争对手，几乎由一家上市公司占据绝大部分市场份额，如各行业中的"独角兽"企业或隐形"独角兽"企业。在公司层面，这种市场地位可以使盈利能力稳定、持续增长；在股票层面，天量的市场资金流与股票的稀缺性导致筹码长期供不应求，容易产生连续数年的大级别上涨行情。

另一种能保障盈利能力持续增长的情形，是在已经占领主要市场份额的情况下，公司产品具有很大的定价权，可以通过提价实现利润持续增长。这样的公司，可谓具有生钱能力的资产。但资产的涨价与交易的盈利并不能直接画等号，中间还相差以下两个条件。

买入的价格与持有的时间。如果买入时的价格已经反映（透支）了未来利润增长部分，交易的盈利空间就大大减少。另外，货币增发—资产涨价这一过程是极缓慢的，只有在较长的时间框架上才能兑现其局部确定性，抹平短期的走势波动。

上述内容已经解决了前文提出的股票未来价值问题，下面解决另一个问题：已知一个可能导致某些公司盈利能力大幅改变的信息，锁定这个信息所对应的股票。

公司的价值由一系列财报数据确定。由于这一组对应关系太明显、太简单，会被很多交易者共见。一方面这是基本面市场共识的源泉，另一方面"举秋毫不为多力，见日月不为明目，闻雷霆不为聪耳"，人所共见的确定性数据，从博弈的角度套利空间有限——这也是"有效市场假说"的理论基础。

因此交易者需要耳聪目明，获得数据的提前量以占据先机，以逸待劳。

财报数据一个季度更新，而信息流每分每秒都在更新，扰动着平静的市场，生出轮番涌动的波浪——信息流为什么能扰动市场？因为各种财经信息中，直接或间接包含了能影响公司盈利能力的要素，其中存在重大套利机会。由于投机市场的博弈性，先到者会比后来者获利空间大，后来者甚至有可能成为接盘者。

当某些财经信息预示着相关公司盈利能力变动，而目前股价还没有充分反映其价值，套利空间就是当前股价与实际价值的差额。由于盈利能力—公司价值这一组关联具有极大确定性，形成了坚固的市场共识，当公司的盈利能力增加，在心理预期的作用下极短时间内就会推动股价上涨，而公司盈利能力减少的信息，也将第一时间导致股价下跌。

从信息中所反映的事实变化到公司盈利能力的改变，再到市场价格的改变，中间有一系列传导过程。它就像链条一样，一环扣一环；或者像河流一样，从上游到下游，顺流而下。其中的因果关系，就是股价大幅变化背后的"涨跌逻辑"。

通过涨跌逻辑，可以从远处的事件瞬间锁定近处的股票。例如对一家公司来说，行业是它的上游，从行业前景、行业利润的变化都可以推测出相关公司盈利能力的发展趋势。宏观方面，经济大环境又是所有行业的上游，货币政策、产业政策、国际经济（贸易）形势、资源价格等要素的变化，沿着重复了无数次的古老分析路径，冲击着各行业的盈利能力，市场会在极短时间把这种变动投射到对应的股票走势上。

已知一个信息，锁定相关的股票，就是沿着股票的涨跌逻辑，从上游到下游，顺流而下，越是上游的信息，越能占据先机。河流的上游涨水了，下游必定涨水；上游干涸了，下游必定干涸，只不过在时间上要晚一点发生。

在涨跌逻辑里，越是下游的信息，市场共识越容易聚焦。例如某个重量级的利好事件，吸引大量市场参与者的注意力，如果这个信息清晰、准确地指向某一个具体的股票，市场共识将聚焦到极限，该股票价格会瞬间发生巨大变化。在走势面盈利效应的惯性下，交易者反应过度是常态。例如某家上市公司在晚上发布公告说"本公司已经取得主营业务的全国唯一特许经营权"——它下一个交易日早盘会瞬间涨停，没有多大悬念。

另一个问题，某信息在产业链上与哪一个股票最相关？无疑是从公司主营业务上去按图索骥、顺藤摸瓜。如果是针对一个行业，则优选该行业的第一名；如果针对的是某个概念，则优选主营业务与其贴合度最高的公司。精准锁定了相关股票，才能把信息里蕴含的价格差兑现为利润。

现实世界中无论发生了什么事情，包括已发生和未发生的，都会以信息的形式传递到市场，被市场参与者自动加工成概念。

有的概念宏大高远（可持续的、可以给社会提供重大价值的大级别题材、概念），有的概念琐屑无聊（蹭热点、模仿跟风、炒作噱头）。宏大高远的概念对应着持续的单边走势，琐屑无聊的概念对应着短暂波动。

无论是长期时间框架还是短线，波动都提供了获利机会。在短期时间框架上，因相关信息、新闻的引导，市场共识会快速集中在少数几个"点"（个股或板块）上。这些点将吸引大量资金流，成为"热点"。

现在需要知道的是，如何做到解读信息的敏锐和精准？平时的素材积累是基本功，逐渐熟悉市场若干股票的基本数据、概念，面对变化不息的信息流，可以快速检索运用——这个过程就是交易者与市场的互动。

它就像另一个问题：在文字的世界里如何阅读理解，与人沟通、对话？至少需要掌握若干词汇并熟悉它们的音形义。这没有任何难度，只需要花点时间。作为一个市场参与者，不识"字"（股票基本信息），如何与市场共识对话？至于需要掌握的"词汇"（股票基本信息）数量，取决于交易者的交易频率。交易频率高的，所需的"词汇"多；交易频率低的，所需的"词汇"少。

综上所述，从盈利能力变化到公司价值的变化，其中的逻辑关系因直观、简单而令人信服，基本面逻辑因此凝聚了最大的市场共识，无疑具有局部确定性。交易者之间博弈的另一个重点在于解读信息的敏锐和精准——敏锐就可以较早发现并锁定目标，占据有利走势位置，获得更多价格差；精准就可以"攻其所必救"，扼住资金流的必经之路和市场共识的必经之路，以此提高交易的胜率优势。

第11节 走势面以及技术分析的起点

命题6：走势面把市场波动从几何的角度进行了完全分类，提供了当下的局部确定性。

走势面（技术分析）是交易理念的一大视角，相关知识鱼龙混杂。为了简明、高效地把技术分析正本清源，升华为终极算法，本命题将分解为三个问题逐一解决。

1. 确立运用技术分析的有效起点。
2. 市场K线图的走势结构。
3. 解决走势视角下操作精度的问题。

问题1：确立运用技术分析的有效起点。

走势反映一切，是市场共识在价格上的映射。从交易者获取一手信息的角度来说，走势K线图的直观和公平是其他任何视角无法比拟的。

市场共识是价格变化的原因，走势是价格变化的结果。走势图记录了市场共识和资金流运动留下的痕迹，反映了市场博弈的全过程和走势力度。通过对现有痕迹的鉴定和技术分析，可以从逻辑上推断出许多真实信息，其中的原理就像医生对患者通过听诊器或把脉，了解疾病的内在传变一样。一方面，就像基本面那样，走势面作为市场共识的一个重要分支，直接参与塑造了市场价格；另一方面，对于交易者来说，走势K线图是公开的、最易获得的、最可靠的第一手信息，有利于寻求当下的确定性，把握买、卖的节奏。

从"信息流—市场共识—走势K线（价格）—账户盈亏"的传递关系可知，从K线到盈亏是最短推理链——走势面为盈亏比原则的具体执行提供了可操作的坚实基础。

所以纯粹的走势面视角交易者仅凭K线图就能获得交易决策所需的必要参考信息，也可以由此建立关于股票、期货、外汇等各类市场的完善交易系统，事实上全球投机市场里很多交易者正是这样做的。

它几乎每年、每月、每日、每分钟，自动提供连续不间断的操作依据——与基本面视角相比，它的优势在于当下的即时性。

前文"确定性系统"说过，交易就是时间的微积分，把握每一个局部确定的当下，可以无限逼近盈亏比系统所需的胜率优势。

走势面侧重于投资品种交易票据的属性，决定价格的是票据当下的供求关系。市场资金与票据（筹码）双方供求关系的动态变化，造就了价格、走势的波动，从这个视角分析市场状况，即"走势分析"。

在交易术语中，走势分析也经常被称之为"技术分析"。但此"技术"非彼"技术"也，只是名为"技术"。技术分析与走势分析二者虽存在重大交集，但并非完全等同。

传统的所谓技术分析经常舍本逐末，大量使用各种从价格走势衍生出来的指标以及由个人片面经验归纳的五花八门的形态，充斥着浓厚的主观臆断，缺乏逻辑支撑；认为只要某个"技术指标"显现出某种信号，就可以凭此预测未来方向或价格——这个起点是错误的。

由于"技术分析"这个名词在市场沿用多年，已经约定俗成，关联着不可忽视的市场共识，本书将继续使用"技术分析"这个旧瓶，并给它装入新酒。本书中，技术分析主要指走势分析。

"终极算法"技术分析的特征，也就是它的逻辑起点，即本节命题中的关键词："几何""分类""当下"。

当市场变化以图表的形式坠入"几何"可以描述的世界，便给交易者提供了可以抓取局部确定性的机会。与具体的物质在时间中速朽相比，几何秩序是永恒的规律，宇宙空间与"力"——万象皆几何，连天体物理都可以用几何计算，投机市场又算得了什么？

在各类市场共识交织的混沌中，走势图从几何的角度，提供了清晰的"分类"和"当下"。既然它的局部确定性建立在几何的视角，就没有交易者主观判断力中"预测""恐惧""贪婪"的立足之地，几何已经把这些无聊的东西驱逐出去。如果有些交易者非要把自己的贪婪、恐惧强加上不可，将会彻底陷入四面皆是"不确定性"的无底深渊。

技术分析的主要作用是"分类"而不是"预测"，市场的基本性质已经证明了任何方式的预测都是存在不确定性的。市场走势有且只有上涨、下跌两种变化，以及各个时间周期的上涨走势、下跌走势。任何变化、任何人在市场里都逃不出由上涨、下跌交织而成的"走势结构"。

技术分析（走势分析）真正的效应是告诉你：当下的走势，属于市场所有可能分类里的哪一类？即在走势分析的视角下，这一类走势应该持仓还是空仓？只有站在纯粹"分类"的角度，才算得上善用走势分析，才能发挥出走势分析的最大威力。

明确了技术分析的逻辑起点，无论任何指标都可以得到很好的应用。除K线之外，均线、成交量等都可以承担"分类"的使命。

例如由两条均线也可以组成一个简易分类系统：短期移动平均线（5日均线）在长期移动平均线（10日均线）之上为强势，对应着持仓或买入。短期均线在长期均线之下为弱势，应当回避，对应着空仓或者卖出。

成交量则可以分为放量和缩量两类，结合走势位置可以成为交易的重要参考。上涨走势往往伴随着放量，成交量放量至高量群或极大量，意味着本轮上涨走势的衰竭。下跌走势一般伴随着缩量，成交量缩量至低量群或极小量，意味着本轮下跌走势的衰竭。

第12节　K线的走势结构

问题2：市场K线图的走势结构。

市场价格的变化，有且只有上涨、下跌两种可能。一切走势图都是由上涨、下跌两种走势连接而成。

从上涨转折为下跌，其中必定存在一个转折点，这个点就是该上涨走势的顶点。顶点与左右相邻两个K线一起，定义为"顶分型"。

从下跌转折为上涨，其中必定也存在一个转折点，这个点就是该下跌走势的底点。底点与左右相邻两个K线一起，定义为"底分型"。

如图1所示，K线排列有4个最基本单元。

按从左至右的顺序，第1个为"顶分型"，中间K线高点是相邻3根K线高点中最高的。3根K线完整体现了价格从上涨转折为下跌的过程，构成"顶分型"。顶分型只侧重于"顶"，即K柱的最高点，可以忽略该K柱的低点。

顶分型　　　底分型　　　下跌　　　上涨

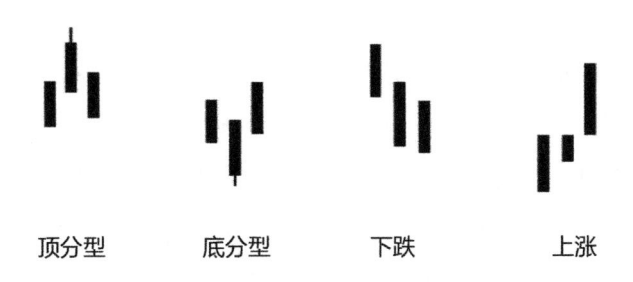

图1　K线排列的4个最基本单元

第2个为"底分型"，中间K线的低点是相邻3根K线低点中最低的。3根K线完整体现了价格从下跌转折为上涨的过程，构成"底分型"。底分型只侧重于"底"，即K柱的最低点，可以忽略该K柱的高点。

第3个，3根K线的高点依次下降，即"下跌"。

第4个，3根K线的低点依次升高，即"上涨"。

以3根K线为基本单位是因为从逻辑上来说，单独1根或者2根K线在走势的任何位置都只有上、下两种排列，不能构成稳定结构。3根K线，经历了多空博弈后最终方向的确认，才能形成一个基本的稳定单位。

价格走势中的一切变化、一切可能，都逃不过顶分型、底分

型、上涨、下跌这4个最基本单位的组合。

因此对市场变化的描述，在走势上完全可以等价转换为几何上点与线的描述。无论走势变化因何而起，无论走势图中包含了交易者多少贪婪和恐惧，包含了多少市场共识，当它定格为走势图，就在自身几何性质的制约之下。即使天体运行的轨道、军事攻防的路线，只要在纸上可描述为几何图，星球与军团也会被几何所计算。何况星球运行轨道、军团奔袭路线实际上并不留下可见的轨迹，是计算者脑补上去的，而走势图是市场共识及资金流运动留下的可见轨迹，它可以等价转换为几何问题，完全在情理之中。

在这种转换之后，在走势的判断上，就没有交易者"臆想"和"欲望"什么位置。这些多余的东西并不会让情况变得清晰，绝大多数时候是让本来简单的事情变得复杂。

走势图从几何的角度，把当下行情进行了清晰的"分类"，为盈亏比原则的执行和交易中的胜率优势提供了局部确定性。

顶分型、底分型即走势中的"点"。上涨、下跌即走势的"线"。线的两端是点。顶分型、底分型之间的连线，构成一个"走势"。

任何上涨走势，必定是从一个底分型开始，到一个顶分型结束。
任何下跌走势，必定是从一个顶分型开始，到一个底分型结束。

这是价格走势几何上的绝对性，没有例外。市场凌乱的波动，从此可以清晰地分解为上涨走势与下跌走势的连接。

因此，上涨的结束，一定发生在顶分型之后。一个上涨走势，如果连顶分型都没有出现，唯一正确的操作就是做多。在股市里就是持股，在期货市场就是持有多单。

下跌的结束，一定发生在底分型之后。一个下跌走势，如果连底分型都没有出现，唯一正确的操作就是做空。在股市里就是持币观望，在期货市场就是持有空单。

如图2所示，图中底分型用垂直向上的箭头标记，顶分型用垂直向下的箭头标记。圆圈表示一个走势开始或结束时的顶、底分型。

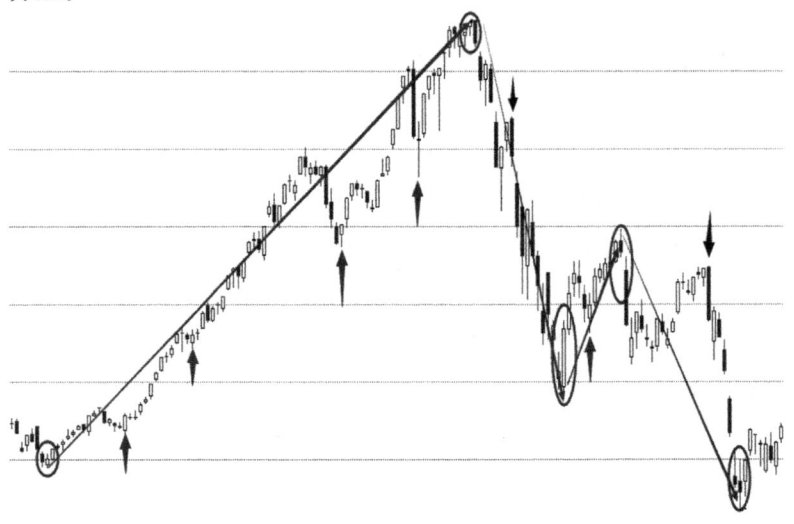

图2 由底分型、顶分型、上涨、下跌组合而成的走势

图2中左侧长箭头所指示的走势，从一个底分型开始，到一个顶分型结束，其底分型低点依次升高，为一个上涨走势，即最低底分型的底，到最高顶分型的顶两点之间的连线。所谓"最高"或"最低"，任何时候都只能以当时的"最高"或"最低"为准，如果其后产生了新的"最高点"或"最低点"，再顺延至"当时"的顶或底点连线。

右侧长箭头所指示的走势，经历了三段，第一段的走势从一个顶分型开始，到一个底分型结束，其顶分型高点依次降低，为一个下跌走势。然后，下跌走势在一个底分型处结束，转折为一个上涨走势，这是第二段。最后，上涨走势在顶分型之后，再次转折为下跌走势。与上涨走势同理，一个下跌走势，也是该走势中最高顶分型的顶与最低底分型的底两点之间的连线。

对于上涨走势，侧重于底分型的底；对于下跌走势，侧重于顶分型的顶。

一个走势如果相邻若干顶分型高点或底分型低点没有明显的升高或降低，大致维持在水平区间，则称之为"盘整"。

因此市场的一切波动都在上涨走势、下跌走势以及盘整三种分类中展开。

由前后两个高低点构成的关系可知，每一个当下，都清晰地属于这三种分类中的某一种，对应着明确的操作。

上涨走势里，可以顺势做多。建仓的有利位置在一系列依次升高的底分型附近，其中任意一个都可以顺势做多。这也是前文盈亏比要素2"前置性"所要求的："只有在走势的关键支撑位置，上涨走势回调低点，即底分型附近，才能提供有利的买入时机。"因为它潜在的盈利幅度大，亏损幅度小。

下跌走势里，顺势做空。对于股票来说，就是空仓或卖出。下跌走势反弹至高点，即顶分型的顶部附近，都是卖出时机。如果是期货交易，这个位置就是开空仓的有利位置。在一个下跌走势里，一系列依次降低的顶分型的顶，其中任意一个都可以顺势做空。

如图2所示，上涨走势从第一个底分型开始，中间经历若干低点依次升高的底分型，最后在一个顶分型之后结束。这第一个底分型位置，被称为"转折买点"。因为它是从前面一个下跌走势转折而来，其后的底分型买点被称为"顺势买点"。

同理，一个下跌走势从第一个顶分型开始，中间经历若干高点依次降低的顶分型，到一个底分型结束。其中第一个顶分型位置，即"转折买点"。因为它是从前一个上涨走势转折而来，其后的顶分型对于做空来说，都是"顺势买点"。

从走势面视角去看，市场里一切机会类型有且只有"转折买点""顺势买点"这两类。实现盈亏比和胜率优势，必须借助这些有利的建仓位置。转折买点，发生在一轮上涨走势或下跌走势衰竭的末端；顺势买点，则是原走势的延续。

有人会产生疑惑，为什么交易者的建仓位置需要背靠这些顶分型、底分型。现在继续沿用前文关于战争的类比来说明这个问题。

在交易中，基本面相当于政治，而走势面相当于军事。当政治优势大到一定程度，政治策略又很高明，可以不战而屈人之兵，不用军事手段即可解决问题。所以基本面极好、买点位置极好的股票，可以无视走势面的有限波动，岿然不动。但交易中不可能每次都会如此顺利，在市场波动的不确定性中，还是经常需要用到走势面来解决问题的。就像世界上的多数国家虽然不会经常打仗，一般是用政治、外交手段解决问题，但军事部署绝对是常备不懈。一旦进入交战状态，战场胜负将决定一切。一道防线、一个山头高点、一个要塞、一座城池的争夺，都事关重大，影响战场态势。

为了提高胜率，减少自身伤亡，陆军作战必须占据有利位置，凭借有利的地理地形隐蔽、保存自己，打击敌人。例如，依托江河、山头、隘口、水网、悬崖、峡谷、森林、战壕、碉堡等易守难攻的地方，凭险据守。这些对我方有利的位置可以作为支撑，进可攻，退可守，极大地提高了我方防御能力和胜率优势。谁先占据这些地形，谁就可以阻滞对方前进，是有利方，后来者如果要强攻，会极大地增加伤亡。

为将者，若不识天时、不用地理，庸才也。古今战争胜败，多与地理地形因素相关。赤壁之战，曹操大军败于长江；垓下之战，西楚霸王自刎于乌江；大渡河边，翼王全军覆没。红军于井冈山反围剿时，国民党军队在茫茫森林中疲于奔命。其相对强大的军力却因为不利的地形而受制于红军，红军借助有利地形用运动战以弱胜强，从而星火燎原。长沙会战中，中国军人依托湖南密布的水网沼泽实施天炉战法，令日军机械化部队寸步难行，取得了三次长沙大捷。抗美援朝时，志愿军步兵穿梭于朝鲜的崇山峻岭。有利的地形极大地补偿了我军相对于美军武器装备上的劣势。随便举几个战例，都可以说明地理地形在战争中影响胜负，甚至改变历史的重大作用。大到国家之间的对决，小到中型战役或单兵巷战，都需要借助有利的地形地物保存自己，杀伤敌人。

交易的要义是什么？就是在保存本金的前提下，从市场获利。保存本金，首先就要解决防御的问题。再多的资金，也经不起屡次大亏的冲击。走势上的各种形态、位置，就是军事地理上的地形地貌。占据有利的位置，才能保存自己，减少伤亡，给敌人以最大杀伤。显然，上涨走势中的底分型，就是支撑位；下跌走势中的顶分型，就是压力位。占据了这些位置建仓，凭险据守，就可以增强交易者的防御能力，提高胜率优势。虽然仅凭此类不足以必胜，但胜负是各种优势积累的结果，对于如此具有地理优势的位置，为什么不加以利用？不但要利用，而且应每次必占。走势分析最擅长的就是找出这些易守难攻的位置，即盈亏比极为有利的关键顶分型、底分型。它们就是市场博弈的力量自然形成的高山峻岭、隘口险阻。依托这些位置，虽然不会每次必胜，但一定有利。

从前文"K线排列的基本单元"可知，几个低点依次上升的K线，是上涨；几个高点依次下降的K线，是下跌。当这些K线数量扩大到无数个，上涨、下跌杂乱地交错在一起，就经常令交易者迷失，不知道应该以上涨还是下跌对待。这正是实际操作中遇到的难题，如果能够明确当下的走势分类是属于上涨走势还是下跌走势，许多问题将迎刃而解。

为了解决这种"混乱"，需要对走势进行几何视角的构造，获得一个清晰有序的、绝对的"走势结构"。

这就相当于人事上的组织架构。当一家公司只有几个员工的时候，领导人可以直接管理每个人。如果员工增加到几十人、几百人、几千人，直接管理所有人必定引起各种混乱，人的精力根本无暇顾及，所以需要设置若干"中层领导"或者"枢纽部门"来辅助管理。

同理，军队系统、行政系统、互联网链路系统等都是如此。有效管理成千上万的人群，如同管理几个人一样，都依赖于组织架构。故孙子曰："凡治众如治寡，分数是也。"在走势中，有K线和顶分型、底分型，其中顶分型、底分型是经历了多空反复博弈之后的产物，比单独的K线具有更高稳定性；且任何上涨、下跌走势的两个端点，都是顶分型、底分型。

因此，顶分型、底分型就是走势中天然的"中层领导"或"枢纽部门"。通过对顶分型、底分型的管理，可以间接管理整个走势，不需要把大量精力消耗在判断单根K线涨跌起伏的不确定性中，凭此获得更大、更稳定的操作空间。

如图3中的走势，在底分型的底部，用横线标记，共标记了9个底分型；顶分型的顶部，用横框标记，共标记了9个顶分型。

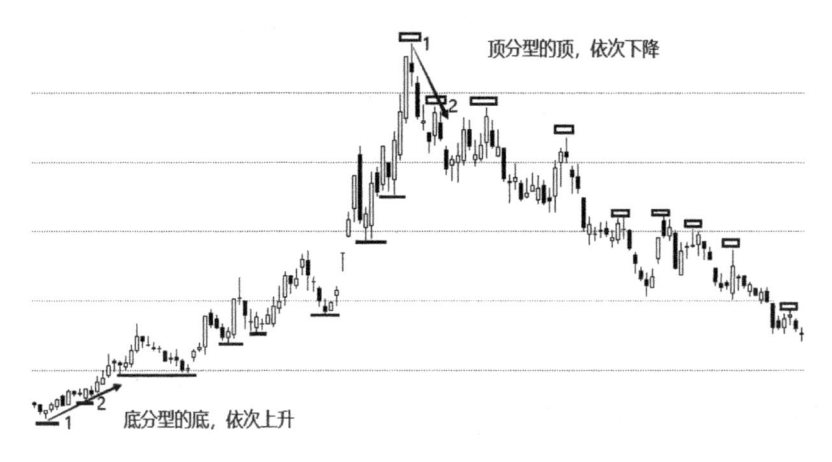

图3　走势结构以及矢量型

只要忽略掉单根K线的涨跌，从顶分型、底分型的角度去看走势，市场混乱的波动变得清晰明白。对于上涨走势，其"结构"就是底分型的底依次升高，只要这个"结构"没有被破坏，无论重复了多少个"依次升高"的底分型，走势还是"上涨"。

两点可以确定直线方向。图3中由从左往右数的第2个底分型开始，由于该处相对于前一个底分型是升高的，即可知它是上涨走势。后面的一系列底分型，只要没有破坏这一"结构"，操作上就一直以"上涨走势"对待，直到走势转折为止。对于下跌走势，就是顶分型的顶依次降低，只要这个"结构"没有被破坏，无论延续了多少个"依次降低"的顶分型，就一直是"下跌走势"。

同理，从标记的第2个顶分型开始，因该处前后相邻的两个顶分型的高点是依次降低的，即可知它由前面的上涨走势转折为下跌走势。后面的一系列顶分型，只要没有破坏这一"结构"，操作上就一直以下跌走势对待，直到走势转折为止。

如图3所示，最早可以确立该走势为上涨走势，是从第2个底分型开始。因为该处相对于前一个底分型"依次升高"的关系，在这里得到首次确定。同理，从标记的第2个顶分型开始，首次确定了下跌走势，完成了从上涨走势到下跌走势的转折。所以这种给走势赋予了方向的连续2个依次降低的顶分型或连续2个依次升高的底分型，可以借用一个比较贴切的物理学名词，称之为"矢量型"——一种有大小与方向的量。

从走势面角度看，买点只有两类，即顺势买点与转折买点，而顺势交易随时有可能被走势转折终结。当你做空的时候，走势在变化，然后不知不觉转折为上涨走势，这时候你的方向就要顺应变化，及时从空头观点转变为多头观点；至少，可以暂时放下空头观点。当你做多的时候，走势延续了一段上涨，然后也在某处转折了，成了下跌走势。

顺势交易是操作的基本原则，能破坏顺势的只有转折。搞清楚转折点具体发生的时机，有利于保障顺势交易成功率。因为转折买点只不过是要求交易者改变持仓方向，在新的方向上依然表现为"顺势交易"。

怎样才能在第一时间知道原走势是否出现转折？
上涨走势开始，就是下跌走势结束，出现转折。
下跌走势开始，就是上涨走势结束，出现转折。

那怎么知道"上涨走势"或"下跌走势"是否开始了？答案就是"矢量型"。在几何上，两点可以决定一条射线方向，即该走势上出现"依次降低"的第2个顶分型，就是下跌走势开始；或者出现"依次上升"的第2个底分型，就是上涨走势开始。

所有大级别趋势一定从"矢量型"开始，但是"矢量型"之后不一定会有大级别趋势，也有可能进入盘整或再次转折。但这完全不构成威胁，在盈亏比原则下，正确的时候可以大幅盈利；错误的时候以最短推理链处理，仅产生小幅亏损。

知道这个转折的具体时间，对于判断开仓时机、平仓时机、方向切换，无论在股票还是期货交易中，都有极大意义。

在上述图例的走势结构里，故意抹去了该走势的名字和价格，所以根本看不出来具体是哪个股票或者期货品种，因为任何一个股票或者期货都可能呈现这种走势——"结构"是绝对的，任何股票或期货走势都没有例外。不同的走势，无非是顶分型、底分型在某一个方向上延续的数量有多、少的差别，有的延续8个、10个成为趋势，有的连续2个、3个就转折了；或者相邻两个顶、底分型之间的K线振幅有大小，有的波动剧烈，有的波动微弱，但走势"结构"都一样。

市场里的股票各种各样，其对应的公司千差万别。在交易中，人气的高低、成交量的大小也差别巨大，但从几何、逻辑的角度去处理，"走势结构"全部相同。就像人群之间的社会地位、职业兴趣、高矮胖瘦表面上看起来各不相同，但从人体结构的医学角度去看全都一样。

无论贫富美丑、乞丐帝王，人体结构本质上具有绝对的相似性。表面上社会属性的差异，都是肤浅的幻象。医生只需要按照当下的症状或者病名把患者分类，属于哪一类就按哪种既定方案去治疗就行了。

在这一过程中，完全不需要"预测"。医生不需要预测下一个病人是头痛还是腹胀，就像驾驶员不需要预测下一个路口是红灯还是绿灯一样。同理，交易者根本不需要预测下一个K线是上涨还是下跌。技术分析的意义，就是可以给当下的走势方向、走势位置进行明确的"分类"，从而提供了当下的局部确定性，实现"不测而测"——因为接下来自然知道怎么做。

市场走势变化无常，不同的走势却有相同的结构。走势面一节集"技术分析"之大成，它从"走势结构"的绝对性入手，建立在牢固的逻辑起点上，剔除掉了不计其数似是而非的伪知识。如果说晋升为杰出的走势面交易者有捷径，这就是最短的路了。由于其较高的浓缩程度，需要多对照走势图，反复阅读揣摩要点，结合实战达到知行合一。那种一目十行、走马观花、像看小说一样的态度，难有收获。交易是心灵的搏击，要把它训练成肌肉记忆和条件反射。仅停留在"知道"层面的搏击，是没有力量的。

综上可知，走势结构就是走势由一系列顶分型、底分型连接而成。这些前后相邻的底点、顶点之间的高低关系，确定了所谓走势"方向"必定属于上涨走势、下跌走势两种分类中的一类。

在这个过程中，只侧重于一系列顶分型、底分型之间的高低关系，忽略单个K线的涨跌。因为单个K线的涨跌变化，都包含在前后两个顶点、底点变化的幅度之内了。

通常情况下，上涨走势里侧重于底分型的底。如果当下这个底低于前面底分型的底，就是本轮上涨走势的结束，但不一定转折为下跌走势，因为还有第二种可能，就是盘整。盘整之后，可能延续上涨，也可能转折为下跌，当下自然知道，无须预测。

下跌走势里侧重于下降走势顶分型的顶。如果当下顶分型高点高于前面的顶，意味着本轮下跌走势的结束。之后的情况分类，与上涨走势同理。

从走势的结构可知，任何一个上涨走势，必定从一个底分型开始，到一个顶分型结束。但当下的顶分型不一定是上涨行情的结束，因为这个顶分型之后，存在更高顶分型的可能。

任何一个下跌走势，必定从一个顶分型开始，到一个底分型结束。但当下的底分型不一定是下跌行情的结束，因为这个底分型之后，存在更低底分型的可能。

由此可以得到利润最大化的操作，就是随着走势的波动，如影随形，分段重复操作。

在一个上涨走势里，对于做多，就是先买后卖。在底分型位置进入后，在下一个顶分型位置卖出。回调之后再次形成的底分型，如果高于前底，则上涨走势未变，再次买入，随着走势向上波动，这个操作可以重复N次。

分段轮动操作，通过提高交易频率放大了交易规模，使盈利最大化。但是前文"稳定盈利"词条已有说明，如果交易频率太高，由于主观判断的频繁参与，会降低胜率优势，因此资金运动的频率要与个人反应能力相适应。

因此，另一种选择就是：只要上涨的走势结构没有被破坏，就一直做多；只要下跌的走势结构延续，就一直做空，降低交易频率以保障确定性。

走势结构提供了当下分类的确定性。在盈亏比原则下，走势结构给各种交易模式都提供了"术"的执行点。无论任何主力资金、任何极端行情，都无法颠覆走势结构。因为它的立足点是超越市场的"几何构造"，这是走势性质的终极确定性。就像水流虽千变万化，但不管它怎么奔腾、化雾、结冰，都无法颠覆水分子的化学结构。

极端行情或人为的折腾，无非让顶分型、底分型多几个或少几个，幅度大一些或小一些，但这对走势结构没有任何改变。顶分型、底分型无论多几个还是少几个，操作起来都是一样的。

另外，走势结构从"最短推理链"的角度，为盈亏比原则的具体执行提供了以下坚实的操作依据。

亏损方面，对于做多来说，能导致亏损的情况就是上涨走势转折为下跌。而走势的转折如果发生在买入未盈利的时候，必定向下触及预设的固定止损；如果发生在买入已经盈利的时候，必定向下触及移动止损（上涨走势盈利后，止损线可以上移到新一个底分型低点以控制回撤）。

同理，对于做空，能导致亏损的情况就是下跌走势转折为上涨。但这种转折无论发生在任何时间、任何位置，走势必定向上穿过预设的退出价位。唯有走势结构上这种几何的绝对性，才可以避免大幅亏损的遍历性。即使出现错误，亏损幅度的不确定性也因此定格为有限幅度。

如果仅从基本面出发，只要失去盈亏比的保护，在遍历性的作用下，也无法避免大幅亏损。在市场的大级别轮回里，被批量清盘的基金和大幅亏损的价值投资者就是明证。

盈利方面，只要上涨的走势结构未变，便维持做多的方向不变；只要下跌的走势结构未变，便维持做空的方向不变。在遍历性的作用下，这样才能保障大幅盈利总体上得以实现。如果走势转折，则以当下的分类重新处理。

如图4所示，序号1、2、3处，便说明了上述几种情形。

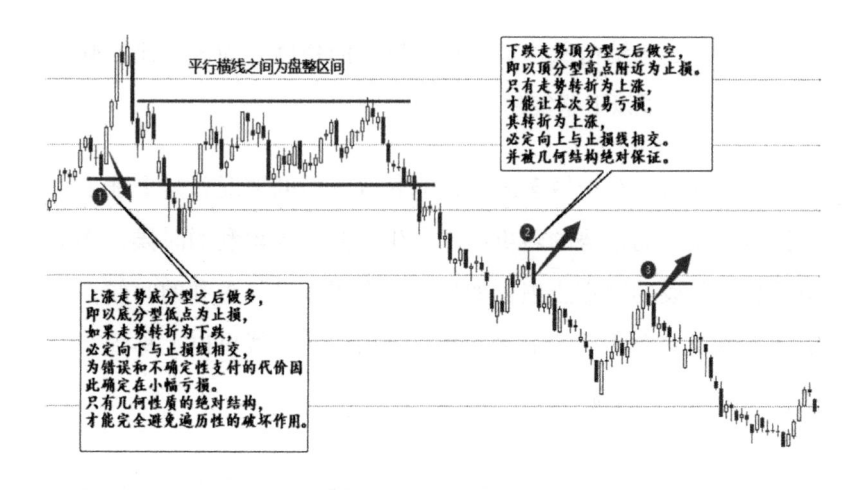

图4 走势结构在几何上的绝对性以及应用

从走势的结构可知，一切走势图都是由上涨、下跌、盘整三类走势连接而成。底分型连续升高的上涨走势，顶分型连续降低的下跌走势，在操作上属于趋势一类，即"连续的随机"。这是很容易处理的情况，按教科书范本操作就行了。

但是还有一种特殊的上涨、下跌，在市场波动中频繁出现，即较小幅度的上涨、下跌多次交替出现。相邻底分型低点与顶分型高点，既无明显的上升，亦无明显的下降，大致处于同一价位区间的水平位置。图4所标示的平行横线之间，即盘整区间。

市场波动里，有许多时候是方向并不明显的盘整。根据具体情况，可在以下三种情形中选择一种来处理。

1. 不参与。在走势的分类中，交易者如果不知道某处盘整在走势中到底属于上涨还是下跌，那就没有胜率优势，应不参与或者退出。直到走势自己突破盘整区间，再以当下的分类来处理。

2. 合并同类项。已知走势方向由前后相邻的底点、顶点之间的高低关系确定。如果有N个相邻的顶分型高点，大致位于同一价格区间；同时又有N个相邻底分型的低点，也大致位于同一价格区间，那么可以把盘整走势中N个顶、底分型合并为1个顶、底分型，即把整个盘整区间视为一个整体，参与走势结构分类。正如，在代数运算中，把多项式中的同类项合并成一项，即"合并同类项"。

如图4中，把整个盘整区间合并同类项。其顶点低于前面相邻顶分型高点，其低点亦低于前面相邻底分型低点，是清晰的下跌走势。因此具有胜率优势的选择是做空，具体建仓位置在盘整区间的顶分型高点。对于期货，如果已经持有空单，就继续持有不动。对于股票，如果目前状态是持币，那么继续看空。上涨走势的情形与之同理，反过来就行。

从几何的角度对走势结构进行分类，这种绝对的逻辑分析如果仅仅用于股票，是一大浪费。事实上，对于举例所用的走势图，股民在其中找到了自己需要的局部确定性，期货交易者、外汇交易者同样可以在其中找到自己所需的局部确定性。图2、图3、图4根本分辨不出来具体是哪个股票或者期货合约，甚至连谁是股票谁是期货都分辨不出来。但从中可以知道，只要是以走势图形式出现的东西，在根本的几何结构上都具有相同性质。

3. 分解。如果一定要参与，或者已经在参与盘整走势又不想坐过山车空耗时间，那么可以把盘整区间的走势分解、分段操作。在盘整中，同样是上涨走势与下跌走势的连接，仅是幅度相对较小而已。例如图4是日线周期的盘整，可以由此进入更小级别的操作，比如5分钟周期走势。这就相当于用显微镜放大了走势，打开里面又是另一个具有相似结构的波动世界。在较小的时间框架下，按照盈亏比和分类的原理，以当下的情况按上涨走势或下跌走势处理即可。

如果脱离当下走势分类，被各种人造的凭空假设带偏节奏，主观判断力往往会随着舆论、盈亏、臆想的指挥棒起舞，然后误入歧途，茫然失措。走势结构反映一切市场信息，就像无言的大自然一样，具备最高智慧。在市场当下的波动中，交易者的主观判断力往往是多余的。只需要从几何的视角分类就可以踏准走势波动节奏，掌握好买、卖的时机。

第13节　操作的精度

问题3：解决走势视角下操作精度的问题。

由走势结构推导出对应的交易法则，解决了市场波动的分类和交易方向的问题，然而落实到具体操作层面，往往细节决定成败。在实践中，不可避免会遇到以下两个亟待解决的难点。

1.所谓高点、低点，即顶分型的顶与底分型的底。事后诸葛亮，看起来很清楚，当时却经常糊涂。有没有什么办法可以在当时确定？在博弈中，这一点对于占据先机有重大价值。

2.在上涨的主要趋势里，往往包含着下跌的次级运动；同理，在以下跌趋势为主的走势里，经常包含着上涨的次级运动。如何处理这种似乎矛盾的主次关系？

对于第1个问题，顶分型的顶或者底分型的底可以从K线和成交量两个角度在当下确定。

从K线的角度，就是走势"已经"为顶分型，注意，重点是

"已经",即图1中构成顶分型的第3根K线已经完成,而不是滥用主观判断力猜测某处可能形成顶部,俗称"猜顶"。让事实说话,才是最通用、最可靠的办法。

同理,底分型的底也不需要"猜底"。可以等待底分型自己完成,底必定会出现。

在操作中,对精度的需求是无穷的,有没有办法可以在顶分型最高点的当时,就可以判断那里是顶?答案是肯定的。

走势面视角从股票"交易票据"的属性出发,决定价格的是"票据"(筹码)与"资金"的供求关系。当资金源源不断地买进,股票(筹码)供不应求,价格就会上涨。而获利盘的积累会刺激筹码供应量的增加,同时导致潜在需求量的萎缩,股票(筹码)供大于求。

筹码从供不应求到供大于求,中间必然有一个转折点(临界点)。资金量与筹码量在换手过程中,双双达到阶段性最大,即成交量极大值。这个点,就是上涨走势衰竭、下跌走势开始的转折点(临界点),即顶分型的顶点。

如图5所示,成交量"极大量"所对应的K线,当下即形成上涨走势顶分型的顶。成交量柱为当下判断顶分型高点提供了另一辅助工具,可以把顶分型的确定时间提前。

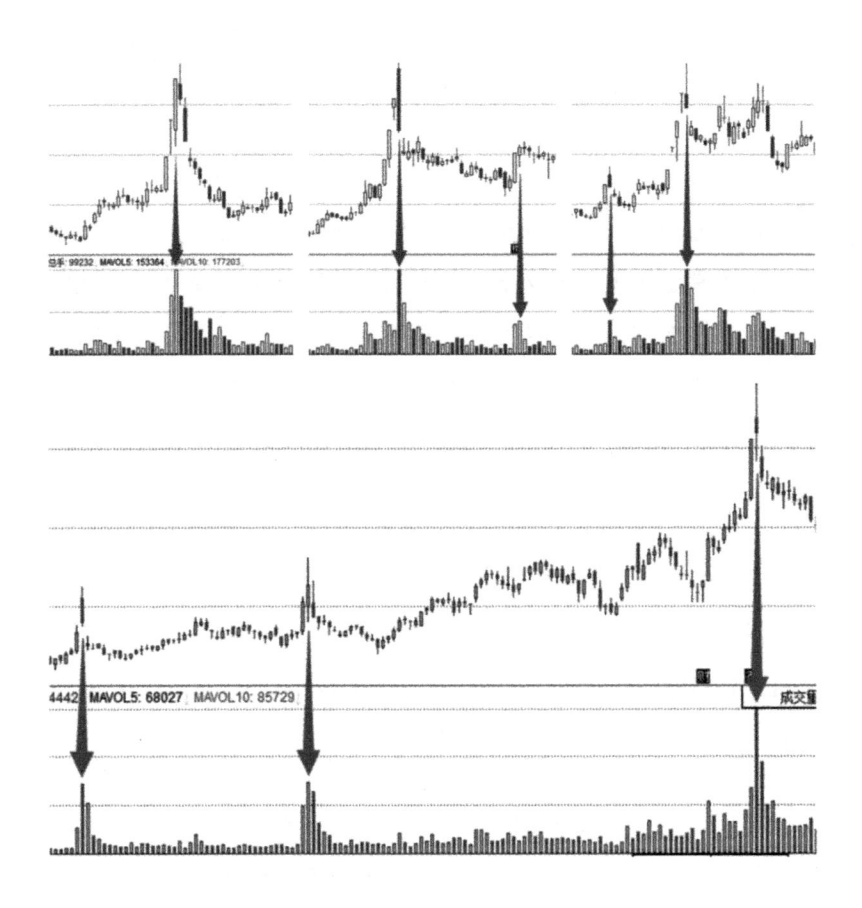

图5 成交量"极大量",对应着顶分型的顶

因为价格的高低是相对的,仅凭上涨幅度,并不能确定何处是高点,除非走势已经完成顶分型。但是成交量"极大量"的出现,提供了重要的辅助分析工具,有助于在当下判定是否形成阶段顶部——比平时正常成交水平突兀高出几倍的成交量,是不可

持续的。如果买入的资金量与卖出的筹码量双双达到极大，其中酝酿着多、空双方力度的转折。

图5中，通过箭头所指的每一个"极大量"，当下即可判断该处就是顶分型的顶。根据这个，当时就可以在最高点卖出，尤其是在小级别走势里，成交量"极大量"对应着走势顶分型，具有独一无二、无与伦比的精度，其精确度与股票的流通盘大小成反比，与走势周期大小成反比。在中小盘股票上，精度较高，甚至可以精确到不可思议的分秒级别。反之，如果流通盘超大，则精度降低。

走势周期越小，精度越高。在5分钟周期走势里，频繁出现的极大量柱，对应着一个又一个阶段顶部。甚至可以当下确定：就是这个1分钟级别的极大量顶分型，将形成一个5分钟周期的走势顶部，进而演化为日线走势顶分型的顶。

由于这个问题的应用价值很大，值得重复一遍。前面已经说过，首先可以让顶分型自己完成，仅凭走势结构就能判断，这是最简单的。多看走势图，结合其历史走势、上涨幅度、上影线、大阴线等，不难发现所谓顶部的特征就是上涨力度衰竭，走势转折为下跌。如果要提高精度，可以结合成交量辅助判断。以日线周期为例，出现日线成交量"极大量"的，不需要等到顶分型完成，当天就可以确定，如图5所示。

在这个基础上，判断顶部的精确度还可以更进一步：通过走势的多周期联立，逐级逼近，能够精确到30分钟、5分钟级别。因为一个日线走势的顶分型，其顶部一定先在30分钟走势上完成；而30分钟走势顶分型，其顶部又一定先在5分钟走势上完成。所以可以结合30分钟走势和5分钟走势的"极大量"，在当下判断某股票本轮走势的顶部就在今天，就是现在（例如当下的几点几分），这里将形成一个日线走势的顶。限于篇幅，图例就不列举了。市场是最好的老师，交易软件上有无数图例每天上演。你可以随便打开100幅、1000幅走势图多周期切换去验证，事实上它一直以惊人的精确性广泛存在。

这种精度，本质上就是股票自身的交易容量对市场波动"间歇性脉冲"的敏感度。超级大盘股对"脉冲"的包容性较强，顶部对应的成交量往往是一个"高量群"区间。由走势周期越小精度越高可知，即使是超级大盘股，在5分钟周期上也有较高的精度。

成交量对于精确判断顶分型具有无可替代的辅助作用；但它的准确率无法长期达到100%，其"不确定性"部分可以从两个方面修正。

1.K线优先。在走势分析里，当然是K线第一、成交量第二。因为相对于成交量来说，K线相对于"盈亏"是"最短推理链"。

当K线与成交量得出的结论相矛盾，以K线的结论为准。例如日线走势出现"极大量"，而K线在走势低位连续上涨，连5分钟级别的下跌都没有出现，那当然以K线为准。既然它现在一直上涨，那就以上涨对待，不猜顶。又如，日线走势冲高回落，已经在下跌中，顶部已经形成，而成交量与平时无异，则当然不用再理会成交量，直接根据走势情况处理所持仓位。毕竟直接决定账户盈亏变化的是走势，而不是成交量或者其他。

2.历史走势。有的股票，成交量极大量对于判断顶部具有极高精度，是强相关；也有少数例外的，是弱相关。这要如何分辨？看它的历史走势，就可以一目了然。

在宽屏的走势图界面，回溯该股票的历史走势，"极大量"与顶分型如果是强相关（每一次极大量都对应着顶分型的顶），那么现在、未来也是强相关。同理，如果其历史走势是弱相关，那么以后极大概率也是。因为股票的流通盘与股性在较长时间内是基本不变的。

以上内容对于如何当下判断顶分型的顶作了基本描述。在顶分型之后，走势转折为下跌。一个下跌走势的结束，同样是由股票、资金两者之间的供求关系决定。

当有买入意愿的资金量衰竭，股票（筹码）供大于求，价格就会下跌。随着价格持续下跌，收益降低甚至进入亏损，会刺激筹码供应量缩小，同时导致潜在需求量增加。便宜的价格意味着安全空间，将会释放出市场中更多的购买力。

所以，极小的成交量也难以长久维持。只需要较少的资金量加入，就能轻易打破平衡。

成交量的极小值，往往意味着下跌走势衰竭、上涨走势开始的临界点，即底分型的底。

如图6所示，走势底分型对应着成交量极小量或低量群。下跌一般伴随着自然缩量，与邻近的成交量相比，当它缩小到一个很低水平，则物极必反。例如图6中多个箭头所指的区域，成交量极小量或低量群极大概率对应着走势的阶段性底部。

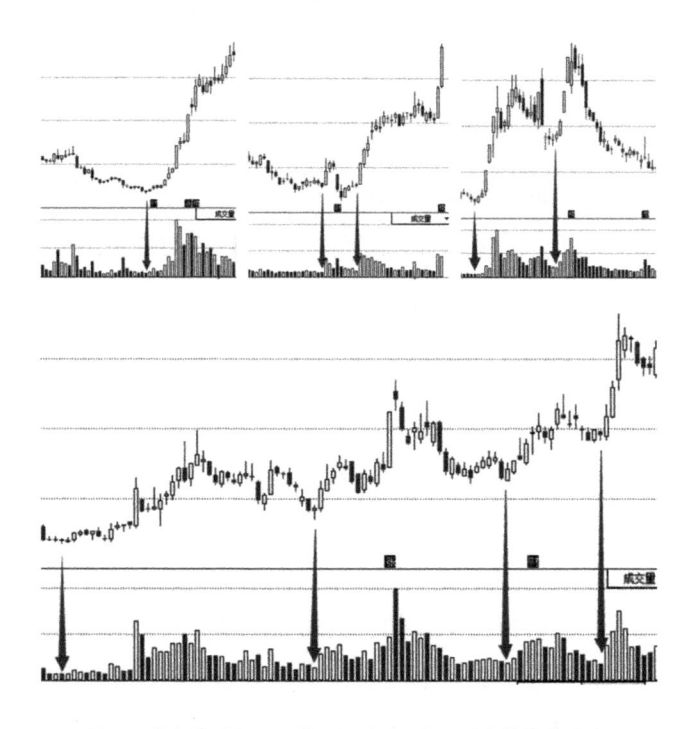

图6 成交量"极小量"以及低量群，对应着走势底部

极大量（或高量群）解决了走势阶段性顶部的精度问题，极小量（或低量群）指出了走势阶段性底部的区间，这两种"黑科技"在交易中如果运用适当，对于提高胜率优势和操作精度的意义是无法估量的。

成交量与价格的内在关联，以上仅用极大量、极小量举例。有限的文字不可能穷尽市场所有变化——任何事物，如果仅停留在它的现象表层，再多的文字描述都是无力的。只有通过表象进入更深一层的原理，才能理解所有变化。就像学生做练习题一样，无穷无尽的题是做不完的，通过有限的题目掌握相关知识的底层逻辑，才可以应付千变万化的考题。

价量关系的底层逻辑是"利益"，只要明确了这一点，价量的各种其他现象也因此迎刃而解：例如上涨走势中"急速缩量"，即大资金在拉升前夕锁定了大量筹码，导致成交量突然减少了一半以上——在价格低位尽可能囤积更多的筹码，这是利益最大化的必然行为，人无法作出相反的选择。

急速缩量，即正常交易状态下成交量相比前一个交易日急速缩小到二分之一或更小。全天大部分时间封涨停板、跌停板的不算，因为那是限制交易的状态。

同样是较高的成交量，如果出现在走势低位，往往是以买入为主导的，即放量启动，后市预期良好。如果出现在走势高位，以卖出为主导的极大量准确无误地指向顶分型的顶——低位以买入为主，高位以卖出为主，这样才最符合交易者的利益。

综合以上，可知走势面视角的局部确定性来自以下3个方面。

1. 走势结构天然具备几何的绝对性。
2. 技术分析作为一种重要的市场共识，影响了大量资金，具有自我实现的能力。
3. 顶、底分型等有利位置占据了盈亏比优势、胜率优势。

本节的另一个问题：在上涨的主要趋势里，往往包含着下跌的次级运动；同理，在以下跌趋势为主的走势里，经常包含着上涨的次级运动。如何处理这种似乎矛盾的主次关系？

提出一个适当的问题，其实就已经解决了问题的一半。既然已经说明了这种矛盾是"主次"关系，就可以按照"主要趋势"与"次要趋势"的关系来处理。

把账户资金分为主要仓位与次要仓位，分别对应主、次趋势就可以了。

此处，有一点需要指出的是：在走势结构中，本章提出的"上涨走势"与"上涨"是两个不同的概念，"下跌走势"与"下跌"也有所区别。为了避免混淆和理解障碍，有必要说明二者的区别。

从前文的定义可知，几根K线的上升排列，就是"上涨"。至少2个或2个以上的底分型低点"依次"升高，才称之为"上涨走势"。同理，几根K线的下降排列，就是"下跌"。包含了至少2个或2个以上的顶分型高点"依次"降低，才称之为"下跌走势"。

综上所述，可知"上涨走势"比"上涨"、"下跌走势"比"下跌"具有更大的操作空间。因为上涨走势里包含了次级别下跌，下跌走势里包含了次级别上涨；而"上涨""下跌"只是单纯的一种方向。

以股票为例，在一个日线周期主要趋势是上涨的走势里，顶分型之后转折为下跌，但只要下跌后的低点不低于前面底分型低点，上涨的走势结构就没有改变，这个下跌只是次级别走势。

现在的问题是，例如有一个基本面视角的持股者，如果把该股票全部卖出，有可能失去"上涨"这个主要趋势的确定性；如果持仓不动，看着价格下跌以及市场波动提供的交易机会，不做点什么显然有些浪费行情。

同理，下跌走势底分型之后出现的上涨（反弹），也是与主要趋势相反的次级别走势。从前文走势的分类及操作可知，上涨走势对应着买入（做多），下跌走势对应着卖出（做空）。走势的主要趋势与次级别运动导致操作上似是而非的矛盾，反映出来的实际问题，只不过是"分类"不够周到彻底。

对于上涨走势及下跌走势两类，可以进一步区分出其对应的走势周期。上涨、下跌每一类走势都有自己对应的"周期"，不再是笼统的"上涨""下跌"。并且以与走势级别相匹配的仓位顺势，便彻底解决了这个"矛盾"。

一般所说的走势，主要是立足于最常规的日线周期。而实际上，K线走势在周线、日线、30分钟线、5分钟线等不同周期上，都具有相似的结构，如果多周期联立分析，必然可以进一步提高操作的精度。即使多重走势周期涨、跌不一，也可以同步操作且互不干扰，把分类操作、顺势交易的法则贯彻到极致。

例如，设仓位基数是100，在一个日线周期的上涨走势里，在某个小级别顶部之后，出现了5分钟周期的下跌走势。既然是下跌，那就要做空，既然下跌的走势周期是5分钟级别的，便以10个仓位基数顺势做空（卖出），其余90个仓位基数维持做多不变。

后续的发展又有两种分类，如果5分钟下跌走势转折为上涨，那么回补已经卖出的部分，恢复到全仓做多。如果该5分钟走势继续暴跌，扩大到30分钟走势乃至日线下跌走势，对应的就是继续大卖，直到50个仓位基数、100个仓位基数全部做空。这就是仓位级别与走势级别对应，多周期同步操作。

同理，如果从一个下跌走势开始，原则上100个仓位基数全仓做空，持币观望。此时如果出现了一个5分钟周期的上涨走势，当然不是全仓买进，也不必谈虎色变。既然有上涨走势，可以参与做多，既然上涨走势仅是5分钟周期，做多的仓位就是一小部分。其后如果发展为更大周期的上涨走势，则用更多的仓位与之对应；如果连这5分钟上涨走势也转折为下跌，那么买入的一小部分仓位也立即退出，再次恢复到100个仓位基数全部做空。

既然市场有上涨、下跌两个方向，对应的，就要有做空和做多两种操作，并且对两者一视同仁。如果只喜欢上涨，却对下跌束手无策，只会适得其反，被市场固有的节奏无情绞杀。

综上所述，可知交易者操作的问题都可以转化为市场波动的"分类"问题，彻底、清楚的分类，对应着彻底、清楚的操作。在这个基础上，再叠加盈亏比优势，市场无论往任何方向波动，除了提供利润，什么也干不了。在这一过程中，仅凭对走势当下的清晰分类，就可以处理好各类变化。

第14节　市场情绪

命题7：市场情绪是大多数交易者所表现出来的群体心理，决定了当前市场的总体方向。

交易者是自由的个体，然而聚集成群体则喜欢跟风、模仿，各种决策、判断均受到群体行为的影响。群体性行为由于个体的加入，被进一步强化，形成惯性。

市场参与者群体心理形成的共识，即市场情绪——兴奋、恐慌、观望、犹豫——其具体表现就是大多数参与者的主流观点决定了当前市场的总体方向。

与基本面视角、走势面视角不同的是，所谓的市场情绪比较抽象，但它是客观存在的事实。下面将从各个可能的角度对其进行描绘，尽可能清晰地还原市场情绪的原貌。

市场情绪就是行情，行情造就个股走势，如同时势造英雄——时来天地皆同力，运去英雄不自由。即使拥有与基本面视角相关数据的确定性，或者占据了走势几何结构上的有利位置，市场价格并不一定每次都会沿着预想的方向运行，一笔交易可能以失败结束——这正是因为交易者没有考虑到市场情绪也参与了市场价格的塑造。

市场经常表现出一种联动性的集体行为。有时候集体上涨，不论基本面好的坏的，走势方向是上涨或是下跌的，走势位置高位或者低位，全部联动上涨。有时候集体下跌，不论基本面好的坏的，走势方向是上涨或是下跌的，走势位置高位或者低位，全部联动下跌。联动的范围，有时候是整个市场，有时候局限于某个板块或某一类股票。这种客观事实单独用基本面或走势面都是不可解释的，所以市场情绪足以成为一个独立于基本面、走势面之外的视角。

交易者必须认识到当前市场的总体方向是由大多数交易者的群体心理所决定的。群体心理经常不讲任何道理，仅仅是一种市场共识而已。市场或某板块盈利效应良好，则唯恐落后，一哄而上。市场情绪高涨，股票的流动性大大增加，交易者愿意为更多的溢价支付资金，即使价格很贵也不觉得贵。高涨的市场情绪，进一步放大了盈利效应。

"盈利效应"指交易者买入股票后，价格上涨，账户盈利，因此带动了更多人买入。与基本面视角公司的"盈利能力"是两个不同的概念。

市场或板块盈利效应弱，或出现亏钱效应，则悲观情绪蔓延，股票流动性降低。交易者戒备心理较强，不愿意为任何溢价支付资金，成交量低迷，股票无论好坏，都会被裹挟到看空行列，泥沙俱下。

市场情绪有可能从基本面视角或走势面视角其中任意一个开始引爆。从基本面视角观察，某一条信息如果被市场解读为整个行业盈利能力增强，则该行业的全体股票会集体上涨；反之，则集体下跌。或者从走势面视角引爆——一个高人气股票从顶部杀跌，会迅速蔓延至其他同类走势的股票，导致这一类股票集体下跌。甚至一个莫须有的信息，都有可能成为激发市场情绪的导火线，形成某种偏见。

在市场情绪每一轮发展、消亡的过程中，往往具备以下几个要素。

1.龙头。龙头股是某段时期整个市场里的风向标。一般走势猛烈，波动幅度最夸张、换手率大、知名度最高。它的每一次微弱赚钱效应或亏钱效应，都会因为被股民群体高度关注而极度放大，间接增加或减少了其他的股票买入、卖出资金量——这就是市场情绪"传染性暗示"的起点。

2.封板。其中某个股票涨停或跌停，是市场兴奋或恐慌的情绪在这个股票上体现到极致的结果。一般情况下，涨停板会加强兴奋的情绪，吸引到更多的看涨资金；跌停板是恐慌情绪蔓延的结果，加强了恐慌情绪，会刺激出更多的看跌筹码。

3.助攻（跟风）。总龙头或板块龙头的赚钱效应能蔓延到其他关联股票。同时，其他股票的跟风上涨也会再次加强、证实整个板块（市场）的赚钱效应，让总龙头和板块龙头在狂热的资金推动下走得更远。在同一时间，多个股票陆续保持方向一致，明显放大原有的市场情绪，就是"助攻"。一块木柴独自燃烧，终会熄灭，有其他木柴源源不断地添加进来，情绪的大火才会越烧越旺。

4.接力（轮动）。前一个龙头或先锋，无论市场情绪如何兴奋，终究受到自身量、价的局限。原有的市场共识里积累了太多既得利益者，后续接盘的资金量会自然衰竭。借助题材、热点信息的契机，市场资金流又默契地切换到新的概念板块、新的走势位置上继续推动，开辟新的共识延续原来的市场情绪，就是"接力"，也是"轮动"。总的来说，市场里有限的概念、板块，永远在这种"轮动"里循环。

市场情绪的高涨与低落，体现在走势上就是K线图的上涨、下跌。二者的区别在于，前文所说的走势是关于某一个股的，市场情绪是关于股票群体的。例如大盘指数，就是市场情绪的温度计。它影响着交易者的信心，感染着交易者的情绪，间接影响了个股走势，在塑造价格方面起到不可忽略的作用。

户外工作要看天气，天气的"情绪"有阴晴雨雪，户外工作计划会因为天气变化而提前、延后或者临时变更。待人接物需要察言观色，人的情绪有喜怒哀乐，与人相处或合作，应该对别人的情绪状况予以充分尊重，随机应变。同一件事，在对方不同的情绪状况下去做，效果完全不同。

为什么在交易中，即使同一只股票、同一个价位、同一个概念重演一遍，后市的走势都不可能一样？就是因为市场永远不可能再次重现昔日的情绪。

任何一只股票、任何一个走势位置，其波动幅度的剧烈程度都深深地打上了当时市场情绪的烙印。

价格的高低是相对的。市场情绪亢奋，在什么位置都容易上涨，而且幅度夸张。情绪低迷，股票的流动性差，低位也极难上涨或者上涨幅度微弱；稍有风声鹤唳，就容易形成大幅下跌。

市场情绪的量化，就是盈利效应：上涨股票与下跌股票的数量之比可以反映市场情绪。例如上涨股票数量远远多于下跌股票，就是盈利效应较好；反之就是盈利效应较差。上涨力度以及持续性也可以反映市场情绪，短时间内快速上涨的股票多，高位换手承接力强，其后持续上涨，就是市场情绪较好。跌停股票越来越多，乌云密布，小幅上涨后普遍下跌，持续性差，就是市场情绪较弱。

市场情绪的好坏，直观的参考就是大盘指数。大盘指数处于上涨走势，大多数交易模式的胜率普遍提高；大盘指数处于下跌走势，同一个交易模式，其胜率普遍降低。

市场情绪强弱，在较大时间框架下的分类是牛市与熊市，持续时间以年为单位。牛市里大盘指数以及个股普涨，各种交易模式胜率都比较高。

较小的时间框架下的市场情绪，是大盘以及板块的短期走势，持续时间以日甚至小时为单位。某一天与前几个交易日冰火两重天，甚至这一天上午和下午都截然不同。大盘、板块指数下跌，个股普跌；原本上涨的个股走势也会被感染，转折为下跌。大盘或板块走势上涨，个股普涨，胜率优势增加。

市场情绪作为群体意志的产物，最明显的特征就是跟风、盲从，争先恐后地追随新的"市场共识"，唯恐自己被孤立。

因此，群体心理有以下特点。

1.冲动、急躁、缺乏理性、没有判断力和批判精神、夸大情感。这些在市场情绪中表现得淋漓尽致，几乎完全受无意识动机的支配。刺激群体心理的因素多种多样，而人们总是屈从于这些刺激，显得极为多变。市场情绪可以从早盘的兴奋狂热（集体大涨），到下午就变成另一个极端，资金恐慌出逃，相互踩踏（百股跌停），股民群体的不理智在交易中被放大到极致。

2.群体极易受人暗示和轻信。群体中的少数人对真相的第一次解读或歪曲，是传染性暗示的起点。群体的想象力不但强大而活跃，并且非常敏感。一个微弱的信息，亏钱效应或者赚钱效应，会因为最初的暗示，通过相互传染，很快进入所有股民的精神世界。群体感情的一致倾向会立刻变成一个既成事实。因为市场共识塑造价格，无论这个共识具体内容是什么。

这时候，微弱的信息不再微弱，有限的亏钱效应被放大为恐慌，有限的赚钱效应也蔓延成狂热。从群体的角度看市场参与者，不需要考虑组成这个群体的个人智力差异，因为这种差异微不足道。从交易者因信息互通连接成一个群体开始，富有思辨精神的人便和白痴一样失去了批判能力——因为必须跟随市场共识。

情绪的蔓延没有明显界限，凡是能以信息的形式进入股民精神世界的，都有可能成为市场情绪的引爆点。知道了交易者的群体心理，就很容易理解以下市场情绪的具体产物。

1.追涨情绪。连续的盈利效应激发了交易者的追涨情绪。这时候群体的市场共识就是"中短期还能更好"。

2.抄底情绪。总体而言，"最后一次利空"或"最后一次亏钱效应"构成了交易者的抄底情绪。其逻辑就是"市场或个股中短期不能更坏"。

3.杀跌情绪。"连续利空信息"或"走势连续下跌"导致恐慌蔓延，构成了群体心理的"杀跌情绪"。在什么情况下，股民群体不计一切损失也要杀跌卖出？就是担心"中短期市场还会更坏"。在这种情绪的蔓延下，亏钱效应再次加强"杀跌情绪"，导致股价不断跌破之前的底分型低点。一个杀跌方向已经稳固的情绪，短时期内很难逆转。

4.逃顶情绪。"最后一次利好"或利好兑现、上涨衰竭，构成了"逃顶情绪"。显然，它源于交易者群体对目前市场的看法——"中短期不能更好"。

5.观望情绪（维持现状）。走势或大盘长期处于没有信息刺激的盘整区间，既无盈利能力增长的亮点，也无可供发挥想象空间的题材，不温不火就是这类行情的特点。即使突然有一天出现一条利多或利空信息，但这信息既无长期影响，也不能形成足够大的市场共识。由于没有增量资金的流入，走势结构便一直维持在盘整的惰性状态，最多出现脉冲式上涨，很快再次回归平静。由于方向不明，市场情绪对它就是观望。因为既没有赚钱效应也没有亏钱效应，在追求确定性的前提下，"担心它更坏"和"希望它更好"两种情绪相互抵消。

市场情绪的具体过程都反映在走势上。其本质是走势图拟人化的描述，走势图包含一切，它会忠实地量化、记录着市场情绪。

市场情绪和走势二者具体是什么关系？
1.市场情绪的一切作用力，最终必然在走势上体现。

2. 主观抽象的市场情绪，交易者只有通过价格变化感知。

与"走势面视角"一节不同的是，市场情绪是具有内在关联性的同类股票的集体表现。例如同一个行业的股票、同属某一个产业链或者意识流的股票，或者在技术分析上同属于某一类位置的股票。其中的共同点、交集越宽泛，表明市场情绪越强烈。例如，上涨情绪最大的是牛市，牛市狂热状态下几乎所有股票集体上涨。不同股票之间的交集宽泛到极致，不管什么行业、什么板块，只要是只股票就行。

结论：从交易的可操作性来说，市场情绪就是价格走势。它的一切表现，都可以被走势图量化。包括上涨下跌的幅度、延续的时间、横向关联的广度、波动的剧烈程度等，都体现在走势图上，从另一个角度印证了"市场走势反映一切"。

与前文所说的"走势"的唯一区别是：市场情绪有群体性，是若干个股票的集体表现，而前文走势分析强调的是具体个股。

这种群体效应的缘起，无非基本面视角与走势面视角两个方面。例如一条重大新闻引发了市场或概念板块集体大跌，大盘指数或板块指数会像镜子一样立即反映出来。整个行业或产业链板块盈利能力群体性的改变，从基本面视角大体上决定了该行业股票走势的整体方向。而市场情绪，如大盘指数的涨跌，又从另一个角度对该股票群体施加自己的影响。所以个股走势最后都是二者合力作用的结果。大盘走势与板块走势是个股走势的大前提，就像国家命运是个体命运的大前提。

市场情绪是交易者群体博弈的产物，它与基本面视角、走势面视角"三足鼎立"。市场确定性的版图从此一分为三，而三大视角各据其一。交易者对市场的分析，如果全盘考虑到三者的因素，就可以获得全方位的胜率优势。

市场情绪分析的逻辑起点，也是对大盘、板块走势的"分类"。

如图7所示，大盘或板块的走势结构，从几何的角度再次提供了清晰的"分类"和"当下"。大盘指数走势不由任何具体的公司或个股决定，正是量化的市场情绪。大盘指数是上涨走势或下跌走势，决定了当前市场大部分个股的总体方向。

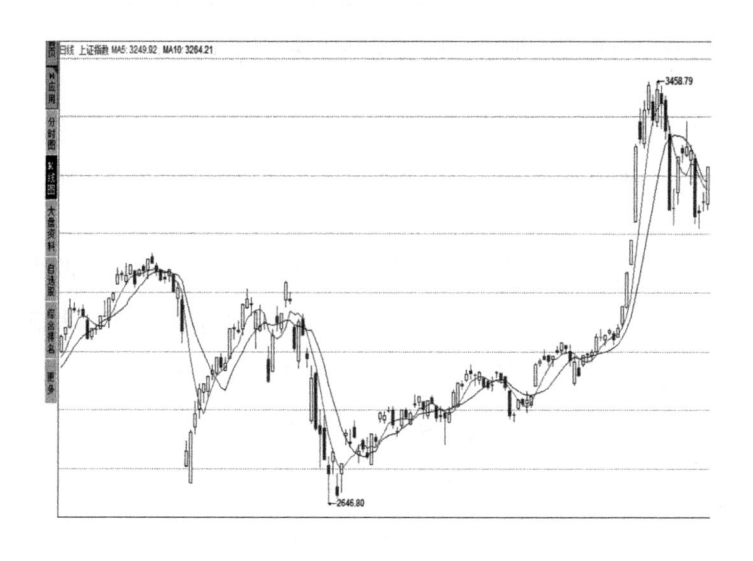

图7　市场情绪决定了当前市场的总体方向

指数呈下跌走势，极大概率会引发个股群体性下跌，放大股票原有的下跌走势，或者降低上涨走势的幅度。这种情况下，做空的胜率优势是较大的——应当大幅减仓或者空仓，如果是期货，就是卖空。

指数呈上涨走势，极大概率会引发个股集体上涨并放大股票原有的上涨走势，同时降低下跌走势的幅度，增加了做多的胜率优势（买入或加仓）。

市场情绪是群体性的，群体运动的轨迹比个体运动更容易被发现，群体心理比个体具有更大的惯性，短时间内难以改变方向——交易者因此可以获得较大的操作提前量。所以市场情绪的量化和分类是对走势视角的延伸，为当下的操作增加了一个可参照的已知条件。

基本面视角，从盈利能力的角度把交易对象进行了明确分类——应该要以哪一类公司为交易目标？盈利能力的稳定性和增长性，就是市场共识的"正义"，得道多助，失道寡助。

走势面视角，把交易方向从几何结构上进行了明确分类——上涨走势和下跌走势。在上涨走势里顺势做多，在下跌走势里顺势做空。消除市场涨跌不确定性因素的干扰，凭"最短推理链"执行盈亏比原则，唯有走势面可以作为操作依据。

市场情绪的分析对象是交易者自身，群体心理的看涨情绪或杀跌情绪对个股的走势会有直接影响。它决定了做多或做空的时机，什么时候胜率优势较大。市场情绪犹如交易中的"天时"，可以乘势借力，尤其在短线交易中，这种"乘势"尤为重要。如图7中，当大盘走势（均线）向上，各种交易模式的胜率升高；当大盘走势（均线）向下，无论什么交易模式，胜率都会降低。

前文"确立运用技术分析的有效起点"说过，除K线外，均线也可以承担走势分类的使命。均线系统抹去了走势里很多琐碎的波动，可以简洁、直观地找出走势的主要趋势。股票和期货走势里，用均线系统作为分类依据顺势交易，可以长期站在市场合力具有优势的一边。

三大视角分别解决了不同的问题，在操作上形成一个多层次、无死角的立体分析。其中，基本面视角凝聚了最大的市场共识，具有长期时间框架上的终极决定性。无论是长线交易或短线交易，基本面视角都可以用来锁定目标；尤其是用"赛马"的选拔方式在市场中发现的脱颖而出、各种维度的第一名，以及超预期的增长性（包括长期与短期的），都具有毫无疑问的局部确定性。因此要坚持锁定这类目标，持续地进攻。

三大视角主要以股市为例来阐述，对于期货交易，其胜率优势同样是建立在三大视角之上，与股市同理。期货交易中，其基本面也凝聚了最大的市场共识，具有长期时间框架上的确定性。

对股市来说，因为股票的背后是公司，基本面视角的要点就是相关公司的盈利能力增长性，尤其是超预期的增长性以及各种维度的第一名；期货的背后对应着现货，基本面视角的要点就是现货在商业贸易逻辑中的供需关系，尤其是供需关系中的极端事件——对于工业品，由需求端引导的行情为主，只在少数情况下由供应端主导行情。因为工业品的产能几乎是无限的，而需求有限，产业链、消费链中需求量的暴增，将引发期货价格上涨走势，反之，则引发下跌走势；对于农产品，则主要由供应端主导行情，对于在全球范围内还没有彻底解决饥饿问题的人类世界来说，大宗农产品的消费是刚需，只存在供不应求的担忧，不存在需求不足的问题。如果考察市场，农产品主要是考察供应端的情况，比如供应量大幅减少，将催生期货基本面视角的上涨走势；供应量的大幅增加，若对应的价格又在高位，将引发下跌行情。

此外，无论是工业品还是农产品，作为供应的一方，对价格、利润的敏感性是最高的。极端的价格事件，可以直接改变原有的供应格局，尤其是极端的低价，比如价格历史低位，或者低于成本线，等等，将导致企业停产，进而造成供应不足，这些都是现货供需关系中难以忍受的情况，无法长久维持，市场的调节之手最终会让它们回归供需均衡状态。各种期货品种里，曾经的大幅下跌走势所触及的历史低位，其后都引发了价格的报复性上涨，正是市场对畸形的供需关系进行有力调整的效果演示，也是期货市场存在的意义。

目标锁定之后，由于市场涨跌的不确定性，遇到下跌甚至连续下跌、多次下跌必然是家常便饭。即使是在主要趋势为上涨的走势里，也会经常遇到次级别下跌走势。要在这些波动里面降低成本、控制回撤，具体的交易战术都需要借助走势分析的长处来解决：占据有利的位置，在各走势周期精确的买点、卖点组织攻守进退。走势面视角为"最短推理链"提供了可执行的具体依据，保障了"盈亏比"原则得以彻底落实。

基本面与走势面的关系，像极了政治与军事的关系。虽然政治决定军事，在有政治优势的前提下，军事行动胜率优势很大，但毕竟军事实力才是终极真理，甚至反过来决定着政治的存亡。市场走势反映一切，在交易的层面具有最广阔的操作空间，可以灵活地完成各种战略、战术任务。当走势面视角为基本面视角服务，每一笔错误的交易都可以把亏损幅度控制在最小。其余正确的交易，走势面便是"无为而治"，任凭走势去兑现基本面视角的预期。

市场情绪作为群体性心理，经常反应过度。当它成为一种市场共识，所有交易者都被裹挟其中，像滚滚洪流一样具有强大力量。这种情绪性的共识经常塑造出夸张的上涨和骇人的下跌，非个体力量所能抗衡，只有"趋其利而避其害"。

对于股市来说，大盘如果处于下跌走势，则交易的胜率优势降低，应该避其锋芒，减仓或者空仓（每个时期内，只有少数强势股对大盘市场情绪的影响有抵抗能力）。大盘处于上涨走势，胜率优势提高，则可乘势借力，建仓或者加仓——它解决了交易时机的问题，也就是应该什么时候入场，什么时候减仓、空仓的问题。

至此，本章用市场共识统一了从前各自为政的三大视角，让它们充分发挥自身的长处协同作战，胜率优势的构建由此达到极致，成为确定性系统中盈亏比优势与胜率优势两大支柱中强大的一支。

胜率优势与盈亏比二者的关系是怎么样的？这个问题不能含糊，有必要再回顾一下前文"盈亏比"一节已经阐明的内容："一个能实现稳定盈利的交易系统，第一要素是盈亏比，第二要素是胜率优势，二者的主次不能颠倒。有关胜率优势的决策必须在盈亏比的框架之下运行，如果二者发生冲突，应当舍弃胜率优势，无条件服从盈亏比原则。"

在盈亏比原则下，实现稳定盈利所需的胜率要求并不高，30%~60%的胜率足矣。如果三大视角联动，满足这个条件没有难度，甚至三大视角有其一二，便可以达到。

第15节　交易的作风和思想

命题8：三大视角告诉投资者市场在干什么，何处可以持仓以及如何退出；但这一切的最终目的，都要为资金管理服务。

前文从三大视角切入，多角度剖析了市场的状况，让投资者知道市场究竟在干什么；但投资的最终目的不是股票而是资金。1元钱投出去，通过市场的作用力之后，能收回比1元钱更多的资金，市场只不过是一台增值资金的机器。如果不能保全本金、不能收回资金，投资中一切的操作都没有意义。

因此，资金管理比其他交易技能更为重要。在交易中投资者无法掌控市场，只能在充分了解市场后尽量做到顺势而为。交易者所能运用并掌控的只有自己的资金，因此资金管理非常重要而且完全可以做到。

交易是长期的事业，并非几次获利就可以大功告成。资金管理的成败直接决定投资的成败。好的资金管理可以保障资金长期积累并获得威力巨大的复利增长，从小资金快速成长为大资金。

没有资金管理意识，一旦疏忽将造成无法换回的损失。由于在市场的波动中资金都是按比例损失的，无论资金量大小，千亿元和千元归零的速度是一样的，多年积累可以毁于一旦。因此一切交易的手段，都要为资金管理这个最终目的服务，它比其他任何交易的"技能"都更为重要。

如果背离了资金管理这个目的，投资者苦心孤诣所追寻的交易"技能"都没有多大价值，只会陷在时亏时赚的泥潭里无法上岸，甚至会收获一个大大的亏损。所以，前文提出的"盈亏比"概念不属于某个交易"技能"，而是一个清晰的资金管理目标。

制定交易的策略，必须以全胜的资金管理目标在市场中博弈。以这样的格局去做，自己的资金才不致受到损失，而胜利照样可以争取得到——这就是孙子所说的："必以全争于天下，故兵不顿而利可全，此谋攻之法也。"

在交易中，投资者一方面要处理市场的信息，另一方面要管理自己的资金、仓位。市场是不可控制、不可计划的，只能顺应大势。在市场上可以追求的只是胜率优势，是外求；资金管理方面却是完全可以控制的，是内求。所以只要在这方面形成纪律严明的交易作风，就可以建立起盈亏比优势，解决市场不确定性带来的困扰，凭借对三大视角的精通和作风优良的资金管理，就完全可以战胜市场。

投资本身没有风险，只有失控的投资才有风险。市场里从来不缺好的股票、好的走势位置；即使现在暂时失去，只要资金实力还在，什么样的股票和走势位置都可以再次遇到。用资金承受巨大的损失，去坚守所谓的"好的股票"和"好的位置"是不可取的。如果失去了资金，股票和位置也终将无仓位可守。

在交易中对资金的运用，就像战争中兵力的运用，时刻要保持警惕、注意机动灵活，把握战场主动权，在保存自身力量的前提下才能歼灭敌人——就像运动战的指导思想那样："存地失人，人地皆失；存人失地，人地皆存。"意思就是，如果在战争中为了坚守土地而损失了太多兵力，兵力没有了，最终这块土地也会失去；但是只要保存了主力部队，暂时失去土地，以后还有机会再次夺回，人和地都得到保全。

如果不能实现全胜的资金管理目标，就不要入市、不要交易。所以在这个目标下，只有两种投资者是及格的。一种是可以实现稳定盈利，把投资、交易当作一个普通工作的人；另一种是有自知之明，如果自己的能力无法实现稳定盈利就退出市场的投资者。如此，虽然不参与交易，但资金的损失是零，仍然是合格的资金管理。

剩下的大多数人都是不合格的。在他们学会应用合理的资金管理之前，只是一个无足轻重的投机客，一直抓不住交易的要点。一会儿在这里赚一笔钱，一会儿又在那里亏一笔钱，永远都无法稳定盈利。只有完全掌握了资金管理的精髓之后才能够复利增长，使资金快速积累。

资金管理的目的非常单纯：就是要经得起连续的亏损。在错误的交易或者连续亏损以后，依然有能力留在市场。例如在10笔连续的亏损之后，接着在2笔交易中挽回之前所有的损失。相反，如果没有资金管理意识，即便在20次连续获利之后，也可能由于1次失败的交易而大幅亏损。

投资者来到市场，一切操作的最终目的都是完成"资金管理"计划。时刻不要忘记这个初衷，市场只是实现这个计划的工具。三大视角下，各种所谓的基本面、走势面如何美好，只不过是市场共识的幻象，要利用这个幻象来增长资本而不要为其所害。

交易的风险是亏损，最大风险是大幅亏损。大幅亏损是如何发生的？又是如何一次又一次重复发生？就是为了交易而交易，忘记了初心。在市场的诱惑下，因为某一只股票或者某一个位置而掉进了喜好、贪婪的陷阱；即使市场已经证明自己错了也不愿意离开，疏于防御，忘记了交易的本来目的是什么。

交易中需要对市场行情分析判断以满足一定的胜率，但分析判断与资金管理是完全不同的体系。前者只是完善投资者知识体系与提高思维能力需要做的"功课"，其功能不是用来指导交易，实际作用仅是为投资决策提供合理的假设而已。如果分析判断的结果（市场走势）与资金管理的目标发生矛盾，无论是对于亏损部分还是盈利部分，后者都具有一票否决权。怎样操作符合资金管理的目标就怎样做——前文所说的"胜率优势必须服从盈亏比原则"。

所有交易者心理的波动均来自资金的波动，由资金波动从而造成心理波动。只要控制好资金波动，就能够解决交易者的心理波动——能把资金管理的目标具体化并落实到操作中执行的就是仓位管理。仓位管理又可以进一步分解为两个更清晰的问题来解决：防御和进攻。

防御和进攻二者，第一重要的问题是防御而不是进攻。只要能够解决防御的问题，长期稳定地控制住亏损和回撤，同时追随市场大势，剩下的就一定是盈利——利用市场波动的"天然之力"，通过"不输"而赢。

解决防御的问题，就是要在仓位的调度上形成一个攻守兼顾、重在防御的态势。资金的战斗力不在于金额大小，而在于仓位的调度——战争中从古至今讲究用兵之法，决定胜负的从来不是比拼兵力数量的多寡，重点是强调将领对兵力的调遣、运用之法。涣散、迟钝的大部队一击即溃，会从表面上的庞大一路走向毁灭。精悍、机动的小股部队注重避实击虚，在保全自己的同时攻击对方要害，抓住战机歼灭敌人，却可以累积胜利从弱小发展到强大。

所以战争决胜重在用兵之法，交易决胜重在资金管理，即仓位调度。由于市场总有不确定因素，而且个股的情况也不尽相同，因此仓位既不能平均使用，也不能经常满仓运转。在不确定性市场实现稳定盈利，投资者应该具备的交易作风，一定不是依靠某一次简单的全仓买入或者一次简单的全仓卖出。它是根据股价变化的不同阶段，通过轻仓与重仓、加仓与减仓等手段，使资金达到最佳配置，并形成有战略纵深的相互保护。

在这种仓位的调度中，有的仓位是保护性的、有的仓位是进攻性的。前后仓位之间拉开一定的价位距离，用前方仓位的盈利掩护后方仓位可能面临的风险。先建立一个试探性仓位，如果发展如预期，再把一个小级别的持有逐步转化为一个大级别的持有，退出的流程与此同理。

一个航母战斗群之所以有强大威慑力，就在于它的各种力量能够叠加在一起，既有防御的力量，又有进攻的力量，而且在战斗中能够遥相呼应——防御是为了更好地进攻。如果不能解决防御的问题，也就谈不上进攻的能力。就连人类最强的进攻性武器洲际核导弹，首先要解决的也是生存和防御的问题，不惜代价、穷尽一切手段也要保存第二次核反击能力，否则就是泥菩萨过江——自身难保，何谈决胜千里之外？

很多人的观念是寻找一个高准确率的交易方法和交易体系。但即使在相同的交易机会、相同的交易策略下，最关键的因素往往是盈利或亏损时候仓位的大小。一般情况下做了很长时间交易的人都没有触及这个概念。

从资金管理的角度去控制仓位，不仅可以控制风险，而且可以扩大利润。如果你是做中线，在交易开始时先建立较小的仓位去试探自己的假设，一旦做对了，每间隔一个价格档位就递减式加仓，一直到补齐当初准备购买的总数。如果走势发展不如预期，走势逆转跌回止损线便立即退出，但在以后可以再次试探同样的假设。这样一来，亏损的时候永远是小仓位，而且是短线持有。盈利的时候，永远是小级别以上的仓位或者大仓位，其中有一些交易还会发展为长线持仓。这样便保证了盈利的仓位总是大于亏损的仓位。

试探性的仓位策略在趋势性的交易系统里显得尤为重要。因为发生一个趋势的概率远远低于遇到走势盘整的概率，以捕捉趋势为目标的交易系统，虽然盈亏比较高，但胜率一定较低。无论是多头趋势还是空头趋势，如果一开始就重仓进入，由于它胜率低，必定造成频繁亏损，容易积小亏为大亏。所以在趋势没有明朗之前，应当用小仓位去测试市场，如果该仓位盈利，那么这笔交易就是对的，可以逐步加仓。这样可以极大地弥补胜率优势的不足，却不影响盈亏比优势。

亏损是交易的一部分，如果要避免大的亏损，就必须从处理好小的亏损开始。防御性的仓位管理通常在市场上升趋势中令交易者不爽，因为防御态势的仓位布置缩小了收益。从表面上看会使总收益暂时落后，但是它对于资金管理的功劳是远远大于过失的，其重要意义无论怎么形容都不为过——作风严谨的防御，一方面可以让交易者免交金额巨大的"波动税",另一方面可以为资金的复利增长提供有力支撑。

因为市场资金全部按比例波动,一只100元的股票,在一轮下跌50%然后又上涨50%的波动中,看起来涨跌幅度是相等的,实际上100元下跌50%是50元,50元上涨50%却只有75元——还有25%哪里去了?在一轮涨跌波动中凭空消失的这部分可以戏称为"波动税"。同理,一个本金100万元的账户盈利50%之后再亏损50%,只剩下75万元,其中多亏掉的25%,正是"波动税"。

一份初始资金,如果亏损1%,需要1.01%回本;如果亏损5%,需要盈利5.26%回本;如果亏损50%,剩下的资金需要盈利100%才能回本;如果是亏损75%,则剩下的25%需要盈利300%才能回本;如果下跌90%,剩余资金则需要盈利900%才能恢复。从这几个例子可以看出,下跌或回撤越多,付出的"波动税"就越多;下跌或回撤越小,付出的"波动税"则越小。"波动税"的存在,也是市场中大多数人注定无法战胜市场的原因之一。

资金管理首先重视防御,就是为了消除较大幅度的亏损和回撤。做到这一点,至少可以获得以下两个方面的巨大利益。

1.解决了亏损幅度的不确定性。把所有亏损都限制在较小幅度,避免了遍历性,免交"波动税",盈亏比优势才有了坚实的基础——如果不重视防御或者防御不严谨,必然出现大幅亏损。无论盈利多少倍,只需一次大幅亏损就会回到原点。

2.在"终极算法"的交易策略下,解决大幅亏损的问题之后,交易账户就具备了复利增长的条件,复利的威力将在实现稳定盈利后得到完美体现。

综上所述,防御性的仓位管理只有一个弊端,就是在市场上升趋势中令收益稍有缩小。同时,这个弊端也会在市场下跌趋势中减少账户亏损,仅此一项便足以功过相抵。剩下的免交"波动税"、避免遍历性、实现盈亏比、实现复利增长等都是巨大利益。因此毫无疑问,需要把防御作为资金管理的首要问题。强调资金防御观念,交易者把交易当作一项正常的,而非一夜暴富的普通工作,才可以长期活跃于市场,通过时间的积累,实现资金规模跨越式的发展。

仓位的调配如同兵力调遣。一支军队的行动,即使是在进攻途中也必须保持基本的防御阵形。战场上形势瞬息万变,遇到对手偷袭、伏击、阻截、包围,都是常事。如果总是把全部兵力集中在一堆施展不开,一旦失算很容易就会陷入全军覆没的绝境。

所以一支作风优良的军队,必然有前哨、先锋,有的防守侧翼,有的负责断后,有的袭扰牵制敌人,主力部队不会轻易被敌人捕捉到。一般会在试探后,战场态势逐渐明朗,所有因素都对自己有利的时候,才把重兵集团集中针对敌人的主要弱点,夺取决定性胜利。这样就能保证突破一点之后随即猛烈扩大战果,使敌无法布置新的抵抗而获得全胜。如果战场上一接触,就感觉到态势对我方非常不利，可以在极小损失下从容退出。

交易上的防御与此同理。如果一入市就是仓位过重或者满仓操作，价格在随机波动中所造成的巨大亏损会对后续的交易心态带来恶劣影响。

一旦亏损的幅度快速超过交易者的预期，例如在建仓后很短时间内就亏损了20%或者更多，不难想象，在这种情况下，当市场出现下一个机会时，即使它近乎如教科书一般完美，远比前一次的成功率大，一个刚刚承受了巨大损失的人也不会对它有兴趣。从交易心理上来看，在一笔交易中亏损越多，投资者的客观性就变得越低。但如果亏损的不是20%而是不到2%，情况会如何？投资者会耐心等待，并在新的位置进行下一笔交易。只要交易系统总体上是可行的，那么迟早会在自己的仓位上实现大幅盈利，不需要计较之前不到2%的小幅亏损。

前文"盈亏比"部分重点讲了如何在幅度上限制亏损。结合本节的资金管理，在仓位调配上形成防御态势，则限制亏损的目标更容易实现。财富的积累是与时间成正比的，只有那些不专业的投资者，总是急于一夜暴富，根本没有学习怎样应对风险就急忙重仓出击，尽管偶尔也有盈利，然而遍历性会让他必败无疑，一旦出现不如预期的状况就会一败涂地。

资金曲线大幅波动不是正常现象，唯有进二退一、稳步增长才是成功之道。交易者一旦发现了优秀的资金管理可以保证利润并避免大败的风险,就会喜欢上资金管理,以纪律的自觉性落实仓位调配中的防御措施。

防御和进攻二者不是割裂的、矛盾的,防御是为了更好地进攻,保存主要力量才有获取重大盈利的能力。由于投资者与市场二者是力量极度不对称的博弈关系,任何投资者都无法与市场抗衡,当走势下跌时,只要有持仓就必然亏损,唯有避其锋芒。

这方面涉及的是防御问题:当走势上涨时,只要有持仓,即使什么也不做,乘势借力,盈利也是必然的,这是进攻的部分。孙子曰:"善守者,藏于九地之下;善攻者,动于九天之上,故能自保而全胜也。"意思就是说,一支优秀的军队能把防御和进攻二者都做到极致。防御的时候,利用各种条件把自己深深地隐藏,幽不可知,让对手无法伤害到自己;同时借助各种有利的外界条件发动高深莫测的进攻。守备严密而攻取迅捷,就能在保存自己的前提下实现"全胜"。

既然限制亏损是交易中的"防御",那么"进攻"就是累积盈利。如果一个交易系统不能实现大幅盈利,就只能产生众多的小幅盈利,即使在防御方面做得很好,最终小幅盈利与小幅亏损二者相互抵消,盈亏持平,投资结果只能是微利或者稳定保本。

交易中的资金管理绕过市场涨跌的不确定性之后,其亏损幅度取决于防御能力,盈利部分则由进攻来完成。如果在进攻方面过于保守,犹犹豫豫畏缩不前,或者进攻后微利即止,这样是无法获得高出平均亏损幅度的大幅盈利的。

至于大幅盈利是怎么产生的，在"命题1"的内容中已有说明：由于每次交易目标与建仓位置的选择都以大幅盈利为出发点，除去大多数小幅盈利与小幅亏损相互抵消的交易，必然产生少数大幅盈利的持仓。

既然大幅盈利就是需要完成的进攻任务，因此尽量不参与那些琐粹的波动，不参与基本面、走势面不具有大幅上涨胜率优势的交易机会，有所为有所不为才能聚焦这个目标，完成任务。

如果没有清晰的目标管理，在市场里不顾基本面情况，不顾走势位置和市场情绪，饥不择食，频繁交易，必定导致频繁亏损。即使盈利的交易，注意力也仅仅局限在胜率方面，稍有小幅盈利就主动结束了。这种状况下，即使防御能力优秀，也会因疲于招架而陷入困境。所以前文中通过加强防御能力实现"不输而赢"是有一个隐含前提的，就是前文"命题1"里面强调的"每次交易都要以大幅盈利为目标"。买入之前，把基本面、走势面的情况分析清楚，不打无准备之仗，不打无把握之仗。

防御与进攻是资金管理的两个方面，防御以小幅亏损为目标，进攻以大幅盈利为目标，同时兼顾二者，就能实现全胜的资金管理。就像一支军队的使命，必然也是集防御和进攻于一身，形成一种优良的战斗作风。所以《孙子兵法》里说："故其疾如风，其徐如林，侵掠如火，不动如山，难知如阴，动如雷震。"

意思就是防御时稳重严密，徐如林，不动如山；进攻时迅捷猛烈，疾如风，侵掠如火。资金管理应有如此的战斗作风。

盈利幅度是相对的，所谓的"大幅"是相对于防御布置上允许的亏损幅度而言，足以构成盈亏比优势的就是"大幅"。如果收益总是与风险对等，那只是赌徒；收益远远大于风险才是稳定盈利。在现实中，假设收益与风险真的总是相等，那么世界上就不会出现富人，在企业经营以及投资交易中产生的大量稳定盈利者，都是收益与风险不对等的产物。

在交易中也完全可以通过对结果的操控达到这一目的，比如防御（控制亏损）时可以从5分钟级别、30分钟级别去处理走势波动；进攻时可以把盈利的持仓放大到日线、周线甚至月线级别。盈亏比优势因此可以轻易达到十倍、百倍以上，这才是专业的操作，况且还可以在进攻目标的选择上获取到极大胜率优势。

"大幅盈利"这个目标看起来似乎很笼统，实现的路径不明朗。现在把它分解为3个更具体的目标，就对应着清晰的解决之道。

1. 盈利的仓位。
2. 盈利的次数。
3. 盈利的幅度。

由前文的盈利能力公式 $Y_{max}=QG$ 可知，通过盈亏比可建立起确定性。当$Q>0$，交易者的盈利能力便取决于交易规模G。其中"资金规模"与"盈利的仓位"关联，"交易频率"与"盈利的次数"关联。

有两个途径可以增加盈利的仓位。第一个途径是通过放大资金规模来实现，各种公募基金、私募基金以及投资机构都是这一途径的产物。因此这一类交易单位的组织架构一般是两大职能部门——一个部门负责投资交易的具体操作，另一个部门负责募集资金，以此放大资金规模。

第二个途径是反其道而行之，通过"减少亏损的仓位"也可以间接实现"放大盈利仓位"。仓位的大、小是相对的，如果在一笔交易中，无论走势上涨还是下跌，交易者都持有一个固定不变的仓位，最常见的情况就是来回坐过山车，盈亏相抵，经常是交了"波动税"还浪费了时间，所以急需增加盈利时的仓位来实现盈、亏的不对称。

但对于水平较高的投资者来说，即使在现有仓位下，也完全可以通过对走势面的操作来提高资金利用率。

因为在一个上涨的走势结构里，必定包含了下跌的次级别运动，具体的做法就是避开大的回调，踏准走势波动率的节奏，在一轮上涨的顶分型大幅减少持仓，到了下跌衰竭的底分型位置再回补仓位，恢复原来的资金规模。

如此动态的仓位调配，反复操作，就保证了所持仓位在亏损或回撤时仓位是大幅减少的，在盈利时则是重仓持有，通过仓位调配的分散和集中间接放大了盈利的仓位，因此盈利的仓位总是远远大于亏损的仓位。这样的资金管理保持了防御思想的一致性，也暗合用兵之道——孙子曰："故兵以诈立，以利动，以分合为变者也。"

关于走势节奏的操作精度，前文"走势面"一节，主要讲解了两点，一是辨别有胜率优势的买点位置，二是解决在持仓过程中的轮动操作问题。任何时候，都以当下的走势分类来处理，如影随形，像影子一样吸附在走势上，不执着于空也不执着于多，对走势的上涨、下跌进行双向操作。上涨时，无非是先买后卖，以获得资金的增长；下跌时，则先卖出，在下一个买点再买回。由于成本降低，回补时可以获得更多的筹码——这个操作就是一个立足于走势面的"微观对冲"，它显然比前文盈亏比"内核性"一节所描述的对冲基金复杂的"宏观对冲"更便捷，资金利用率更高。经过多次这样的反复操作，所持股票的成本将降低到0甚至负数。

上述操作是在一只股票中踏准走势涨跌的节奏，还有一种更高效的交易风格就是立足整个市场，踏准板块涨跌的节奏，只参与大幅上涨的强势板块。由于市场的板块涨跌也是轮动的，几乎每周、每天都有不同的热点和强势股。如果交易系统以捕捉这个快速变动的群体为目标，就成了短线或超短线交易，也就是提高了交易频率。在相同的资金管理水平和胜率优势下，交易频率与盈利能力成正比。把能捕捉到的所有强势股都投机一遍，就是吸收了市场波动"自然之力"的精华，中小资金可以得到快速成长。

紧接着的下一个问题就是：如何捕捉到这些强势股并保持较好的胜率？从前文"引理2"可知：局部确定性源自三大视角，把交易者分散的观点汇聚成市场共识，塑造出价格。强势股之强，源于各种视角的市场共识汇聚于此，力出一孔，汇入的资金流总量大而筹码供应量小；就像江河奔流之水径流量大而河道狭窄，必定水流湍急——孙子曰："激水之疾，至于漂石者，势也。""故善战者，求之于势，不责于人。"短线强势股的交易，就是要借助这个"势"。

市场共识直接塑造行情。无论是出于什么理由，只要形成了市场共识，必定影响价格。同理，无论是多么"权威""专业"的理由，多么"合理"的个人臆想，只要没有形成足够大的市场共识，就对行情毫无影响，所谓"理由"也就成了空想。

短线交易的一大有利因素就是可以充分借助市场共识来发现目标，以市场的视角为自己的视角，便可以获得进攻时所需的胜率优势。最大的市场共识，向来都是基本面视角盈利能力增长性，尤其是在盈利能力的增长性发生突变之时。没有基本面盈利能力的突变，也就没有走势面波动幅度的突变。而盈利能力的突变，会立即成为市场共识预期的支撑。虽然这部分盈利能力目前并没有体现在任何财务报表上，但走势会用当下的价格突变来反映相关公司盈利能力的价值。

例如新冠肺炎疫情暴发，全球航班大面积停运，立即会令相关板块基本面盈利能力发生突变：新冠病毒检测、疫苗、医疗器械等板块盈利能力在以前的基础上突然增加，相关股票的走势大幅上涨；另外，机场航运、酒店餐饮、景点旅游等板块盈利能力因此降低，也发生了突变，相关的股票走势大幅下跌。

如果疫情得到有效控制，政府出台促进消费、刺激经济的措施，酒店餐饮、景点旅游板块将在当前较低的走势位置上全线大涨。此时并没有什么盈利能力的突变体现在财务报表上，但市场参与者完全可以据此消息面对相关行业盈利能力作出合理预期和推测。短线交易需要借助市场波动之力，剧烈的波动，往往发生在个股盈利能力发生突变、引起市场参与者预期改变之时。

买入股票，决定账户盈亏的是未来走势而不是已经成为过去的历史走势。决定未来走势的，是公司未来的盈利能力在目前基础上是否继续增长，而不是笼统地以财务报表上已有的数字为依据。

如果当下的突变让一家公司盈利能力大幅增长，即使它此前财务报表上的数字亏损累累，走势也是上涨的。同理，即使一个盈利能力各项数据非常突出的公司，如果当下的突变让它的盈利能力大幅减少，未来走势也是下跌的。如果不增不减，则是长久横盘，很难出现趋势性行情。

众多的传统企业，虽然有不少公司盈利的静态数据也很大，但走势难以出现上涨趋势，因为盈利能力在此基础上缺乏增长性。在基本面视角缺乏上涨驱动力的前提下，除非大盘总体上出现上涨行情，它们会在市场情绪这一视角的带动下跟随上涨。

再比如汽车行业"燃油车停售时间表"发布，会立即引起汽车制造相关企业盈利能力增长性发生突变。燃油车的替代品新能源车板块盈利能力因此获得更大增长性，对应的股价走势大幅上涨；燃油车板块盈利能力增长性降低，对应的股价走势则大幅下跌。

有一个重点值得注意，就是盈利能力与盈利能力增长性二者的区别。以燃油车与新能源车二者为例：燃油车拥有100年以上的销售历史，积累了巨大市场规模，新能源车只是近几年才完善的新产品。即使到目前，全球范围内新能源车的销量和净利润也不及燃油车零头。就两类公司现在的盈利能力绝对值而言，新能源车是远不如燃油车的，但新能源车是未来的发展方向，它的盈利能力增长性显然高于燃油车。

由全球市场新能源车相关公司持续大幅上涨的股价和燃油车持续下跌的股价可知，市场走势主要反映的是盈利能力增长性。这也是基本面分析视角应该重点研究的涨跌逻辑和分析路径。只要注意收集市场情报，在这个资金流的必经之路截击，就能以逸待劳。不懂得这一点，就掌握不了价值投资视角的要点。

市场参与者每天都会接收到关于各种事件的信息。这些信息或多或少都会对相关公司的盈利能力产生影响，就像风吹过海面一样扰动着市场走势，引发了涨跌不息的波动。在这些纷纷扰扰的波动里，可以通过几个方面的辅助判断，逐步缩小目标范围，锁定强势股。

第一步就是从行业（板块）到个股，用前文相关段落叙述过的"赛马"方式对比数据，锁定该行业的第一名、龙头股或隐形冠军。龙头股的属性是静态的，而强势股都是特定市场情绪的产物，是动态的。虽然强势股通常是各行业的龙头股，但龙头股并不一定就是当下的强势股。

所以哪只是强势股需要得到市场共识的确认，并在其出现异动之时立即发动进攻，让市场自己把它"选出来"。市场的信息量如同大海，如果从交易者的主观想法去推测哪只是强势股，胜率会非常低；但通过各种"竞赛"和"排序"工具，瞬间就能知道。例如全国几千万名中学生，谁的学习能力最强？一个一个去分析是效率低下的。但来一场大考，把总分按从高到低顺序排列，谁是强者瞬间就清楚了。奥运会上，用一场场竞赛，让世人瞬间就知道某个项目里谁是最强者。整个市场里，通过各种排序工具，如个股涨幅、板块涨幅、净利润增长率、主力净量或其他任何有效工具，都可以轻易选拔出走势面当下的强势股。

但值得介入的目标只有一种，就是基本面盈利能力增长性和走势位置盈亏比优势二者兼备。如果从走势面入手去筛选目标，必须了解它基本面视角的上涨逻辑。只有具备清晰的盈利能力增长性逻辑，其上涨才有持续性，否则很可能仅是市场的随机波动，或者是主力资金诱多陷阱。

同理，如果是从基本面视角筛选的目标，又在短期时间框架上占据盈亏比优势的走势位置，胜率会更高。以市场共识的视角为自己的视角，从走势异动确认强势股，就把交易者对未知目标的猜测变成了对已知目标的跟随，大大提高了判断效率。

在当下的市场情绪中，走势面的盈利效应，引来了大量交易者跟随同一个已知的强势股，快速推高股价。例如几周之内把股价推高一倍甚至几倍，这就成了高人气的"妖股"。妖股是投机市场最好的广告，它的诞生，都是始于基本面盈利能力增长性的突变，被短线资金乘势推高，然后又被走势面的盈利效应所加强，同时带有市场情绪的偶然性。

至于盈利的幅度，从走势面的角度，对应的就是较大级别买点，走势因此具有较大上涨空间。从基本面视角去看，对应的目标就是行业、公司盈利能力持续稳定的增长性，或者盈利能力发生了重大的有利突变之时。另外，较大幅度的盈利，往往需要较长时间的持仓，这就要求交易者在持有顺势的仓位之后，展现出耐心和坐而不动的功夫，只要趋势没有转折，就不臆测走势顶部,中长线持仓。在持仓过程中,还可以避开较大的回调,踏准轮动的节奏反复做短差降低成本,一个成本为0甚至负数的仓位就是最好的资金管理。

综上所述,在资金管理的进攻中放大盈利,可以从盈利的仓位、盈利的次数、盈利的幅度三项入手。三者有其一,便可以达成目标。

交易中的胜率优势与盈利幅度,都是建立在三大视角中至少某一个视角的局部确定性之上。不占据局部确定性的交易,就不具备任何胜率优势,如同在市场的随机波动中博彩。三大视角对应着三类不同的市场共识,每一类市场共识都影响着大量资金流。当不同路径的市场资金流汇合在一起,就是胜率优势的极致。

走势变化的第一推动力是资金流,它们沿着市场共识的河道流动,在几大河道的交汇处,很容易造就强势行情。比如盈利能力增长性变得更好的公司、具有盈亏比优势的走势位置叠加兴奋的市场情绪,必定造就大幅上涨的行情。这种行情在作为一种结果的同时,又因其盈利效应进入其他市场参与者的观测范围,成为其他投资者决策的原因链之一,如此循环反馈,不断重复。

市场看似无序的资金流都遵循着各自固有的"分析路径"流动。基于相同的驱动因子,每一次上涨下跌的波动,无一不证明了这个"路径"的存在。因此观察市场本身,就可以获得关于市场共识"涨跌逻辑"最权威、最详细的答案——市场是最好的老师。

在较短时间框架上，市场情绪直接决定大部分股票的交易胜率。大盘指数向上，则个股普涨；指数向下，则个股普跌。市场氛围对个体的影响，如同自然界时令气候对生物的影响，是直接的、普遍的，春天百花盛开，秋季万木萧瑟。对照观察每天的市场行情、板块行情，可知这就是市场情绪的"涨跌逻辑"。

在中期时间框架上，走势位置决定了大部分交易是否具备胜率优势。所有的上涨走势，无一不是从一个下跌衰竭的底分型开始；所有的下跌走势，无一不是从一个上涨衰竭的顶分型开始；而且在周线、日线、30分钟线、5分钟线等各级走势周期上具有相似的结构。因此从做多的角度看，在上涨走势转折为下跌走势的顶分型高点附近，意味着盈亏比劣势；从下跌走势转折为上涨走势的底分型低点，意味着盈亏比优势。对照观察市场走势每一次上涨、下跌的轮动，可知筹码、资金两者之间的供求关系，就是走势面的"涨跌逻辑"。

从较长的时间框架去看，在抹去了市场情绪与走势面中短期的波动之后，走势行情最清晰的内在决定因素都是基本面盈利能力的增长性。基本面凝聚了最大的市场共识，这个共识就是市场的"民心"。市场短期的涨跌波动纷纷扰扰，甚至泥沙俱下；但在长期时间框架上，最终胜出的一方都是顺应民心者。即使是有预谋地作假或者非法操控市场，也必须"师出有名"，借助基本面这个"民心"的正当性，炒作"盈利能力增长性"噱头，以获得市场共识的支持。

对照观察所有走势的大级别行情以及强势股的短线行情，每一次变化的驱动力都是产生于新闻、事件、公告、资讯等信息流的刺激。可知公司盈利能力增长性尤其是增长性的突变，决定了走势的发展方向，这是基本面的涨跌逻辑。

知彼知己，百战不殆。知道了几类市场共识涨跌逻辑的起点和终点，就能有针对性地组织有力的防御和进攻。从相关的信息、数据方面锁定盈利能力增长性发生突变的目标，从走势位置锁定盈亏比优势较大的时机，并借助有利的市场情绪提高胜率优势——知道了市场共识的喜好，熟能生巧，就可以预料到市场资金流会在什么目标、在什么走势位置容易发动行情。孙子曰："故知战之地，知战之日，则可千里而会战。"

市场变化的基本性质是不确定性。如果走势证明自己的预判正确，则集中力量全面进攻，以获得大幅盈利。当预判出现错误，亏损的交易会立即触及资金管理的防御系统，以小幅回撤或亏损结束交易。由此可以消除市场变化不确定性的干扰，实现资金管理目标中的稳定盈利。

第16节 稳定盈利终极算法纲要

交易是关于市场的学科,同时也是关于交易者理解力、执行力、专注力的学科。"稳定盈利终极算法"无论从理论的构建上,还是在实战的验证中,都已经证明是破解投机市场不确定性、通向稳定盈利的大道。已经有多人依据本书的"终极算法"策略重建自己的交易系统,迅速扭亏为盈,实现了前所未有的稳定盈利。

"终极算法"所构建的稳定盈利交易体系,行文到此,涉及的知识点比较多,为了尽量避免因理解的偏差产生歧义或者本末倒置、顾此失彼,因此有必要提供一份纲要,如同剑之柄,网之纲。有了它,本算法便容易被读者把握、运用。以下就是前面已有内容的纲要,也就是这把剑的剑柄,这张渔网的提绳。

第一章 确定性的建立——盈亏比

定义:市场　交易　市场参与者　稳定盈利

定理一:市场变化的基本性质,是不确定性。

引理1：不确定性并不会导致完全的错误，必然包含着正确的部分。

引理2：实现稳定盈利所需的确定性，必然不能直接建立在市场价格上涨、下跌的不确定性上，必须有包容错误的能力。

命题1：能有效消除市场变化不确定性干扰的，有且只有盈亏比。

命题2：在不确定性市场，彻底构筑盈亏比优势，需要三个基本单元——简称"盈亏比三要素"。

盈亏比之要素1：累积性——盈亏比效果的兑现，需要累积必要的交易次数。

盈亏比之要素2：前置性——走势位置比方向更重要。

盈亏比之要素3：内核性——通过盈亏比，可以建立各种不同风格的优秀交易模式。

命题3：交易者的主观判断，会破坏盈亏比的贯彻执行——"遍历性"确立了盈亏比原理在实践中无可替代的作用。

命题4：确定性系统由盈亏比优势与胜率优势两大板块构成，交易者运用这个系统，需要遵循"最短推理链"原则。

第二章 胜率优势

定理二：市场变化的不确定性是整体论，分解之后可以得到局部确定性。

引理1：不同的视角之间，具有内在统一性。

引理2：局部确定性源自三大视角把交易者分散的观点汇聚成市场共识，塑造出价格。

命题5：基本面凝聚了最大的市场共识。

命题6：走势面把市场波动从几何的角度进行了完全分类，提供了当下的局部确定性。

本命题分为3个子问题逐一解决。
问题1：确立运用技术分析的有效起点。
问题2：市场K线图的走势结构。
问题3：解决走势视角下操作精度的问题。

命题7：市场情绪是大多数交易者所表现出来的群体心理，决定了当前市场的总体方向。

命题8：三大视角告诉投资者市场在干什么，何处可以持仓以及如何退出；但这一切的最终目的，都要为资金管理服务。

以上是"终极算法"的体系框架，也是要点。只需要熟悉这短短的几十行，就像手里握着剑柄或抓着渔网的提绳，整个交易世界便了然于胸。如果按照从前到后的顺序阅读，对市场的认识就是从宏观到微观、从"道"到"术"、从原理到方法逐步具体化的过程。

也可以倒过来看，按从后到前的顺序阅读，对市场以及交易系统的认识，就是从表面现象深入底层逻辑、从微观到宏观、由"术"入"道"的过程。

《稳定盈利终极算法》全书是一种逻辑体系。从基本的定义开始，仅仅用两条定理以及定理之下的引理，以逻辑演绎的形式，将金融投机市场纷繁复杂的各类视角和交易要点像建筑大厦一样，用严密的逻辑体系井井有条地构造出来，得到一些具有重大应用价值的命题。它提供了在市场波动的不确定性中实现稳定盈利的最优解，甚至是唯一解。

本书试图建立一个从稳定盈利能力、可操作性、逻辑性、哲理性、数学性等各个方面都无懈可击的经典交易理论，那么这样的理论就是最完美的吗？当然不是。因为绝对的完美仅存在于大自然所构建的宇宙体系中，人类的语言、思想所构建的概念，具有天然的不完备性——哥德尔不完备定理指出，"所有一致的公理化形式系统都包含有不可判定的命题"，即任何相容的形式体系不能用于证明它自身的相容性。

作为一个交易理论，其最大的核心价值在于盈利能力。如果能实现稳定盈利进而以这种稳定去实现复利增长，这个理论的价值必然是顶级中的顶级，其他的"试图"不过是锦上添花，并不是重点。

《稳定盈利终极算法》的逻辑体系比较容易记忆。

两条定理，即构成实现稳定盈利所需的"盈亏比"和"胜率优势"两大部分,简洁凝练、结构清晰,便于操作应用。盈亏比优势是"道",胜率优势是"术",以道驭术,胜率优势为盈亏比原则服务,其作用是为交易系统建立尽可能大的盈亏比优势。

这两大部分,如果再增添一个,则嫌多余;如果减少一个,则"终极算法"难以成立。每一个部分都由一条定理统领,每一条定理之后都有两条引理辅佐,共两条定理。每条定理各统领四个命题,一共八个命题,形成了对称的两大部分。八个命题,每一节都可以独立成篇,篇与篇之间又保持了密切的关联,构成一个完善的整体。从盈亏比开始,到资金管理结束,层层递进、首尾呼应。

八个命题,其中盈亏比三要素、市场共识三大视角、走势面三个问题、资金管理的防御与进攻,几乎解决了交易中的一切核心问题。市场上其他的知识或经验,只能成为其中某一条命题的注解,被它所统领而不能统领它。

不同的交易者可以根据自己的需要,在已有命题的框架下,针对性地进一步完善某一个具体命题下的操作细节。例如基本面视角,走势分析,短线交易、中长线交易,资金管理,等等。"终极算法"应对市场的能力以及稳定盈利能力,已经在实践中得到反复证明,无疑是二级市场通向成功唯一可行并具有普适性的方向。但是不同的交易者,由于自身领悟力、执行力的差异以及理解、应用过程中产生的细节差异,必定造成较大的结果差异。

"终极算法"中的许多要点都是精练浓缩的,对于金融投资的爱好者来说，这是一本可以常伴左右的交易著作。在不同时期，每次阅读都可能有新的收获——就像市场情绪无法复制一样，读者每次阅读的心境和待解的问题不同，因此看到的重点自然不同。即使多年以后再去阅读其中章节，依然弥久常新，因为它解决的是各个分析方向、决策方向上底层逻辑的问题，其价值不会随着时间的推进而湮灭。

在交易中通向稳定盈利需要解决一系列障碍，关于盈亏比与胜率、关于等待时机与资金管理，甚至长线和短线交易操作上的细节，都可以在文中某个段落找到答案或得到足够的启发。

掌握了"终极算法"，看一切市场和交易策略都是清晰透明的，可以更敏锐地发现没有学习过"终极算法"的人看不见的东西。盈亏比原理绕过市场涨跌的不确定性，从数学的层面完成防御并建立起自己的确定性；"市场共识"统一了三大视角，在操作的层面为进攻提供足够的胜率优势，成为稳定盈利系统中另一个强有力的支撑。

由于"终极算法"是制定策略的策略，结合自身情况，可以用"终极算法"为内核进行创造性发挥，量身定制多种具体的交易程序和应用技巧来优化盈亏比。所以它在给出了一个稳定盈利框架之后，又是开放的。只有这样才符合不同交易者、不同市场的现实状况，成为不确定性市场的唯一解，并因此获得跨越时空的穿透力。

后　记

《稳定盈利终极算法》用"盈亏比"与"胜率优势"两个明晰的概念，首次构建了关于投资、交易的底层逻辑大统一理论。对于读者来说，如何建立一个完善、科学的交易策略，从此有了规范的框架——它的一个重要意义就是示范了一种如何实现稳定盈利的交易体系样板。

本书作为投资、交易学说的一家之言，通过几条简明有力的关键命题来启发读者掌握市场的要领，得乎其上者，将获得长期稳定的盈利；得乎其下者，可以把亏损程度降低到极小。由于其中提出的观点和方法将会影响到部分读者进行投资活动的盈亏，因此笔者丝毫不敢大意，书中内容基本上经过漫长的实践检验并逐章、逐节审慎再三，务求传递的知识清晰流畅、严谨可靠。

每一本书诞生的背后，都有一个令人回味的故事。在此感谢从2016年以来，有缘遇到众多具有天赋和职业精神的交易者，从各个角度为完善"终极算法"提供广泛而充足的实证，他们有上百位之多，限于篇幅，无法一一列举；感谢广东财经大学的许峰博士和中国发展出版社的朋友为全书提供细致的文字编校，使文章增色。笔者有充分的信心认为，所有"终极算法"的学习者和实践者，都会从中受益。

金融投资者对于交易之道的实践总结，已有上百年历史，积累的著作汗牛充栋。但客观地说，经受了市场波动的考验和时间流逝的大浪淘沙之后剩下的经典，绝大多数是美国人以及欧洲人的著作，其影响力主导了目前市场的主流思维。投资学说的繁荣与成熟，正是一个国家或地区资本市场是否繁荣、成熟的缩影，中国资本市场由于起步较晚，目前国内的投资、交易类著作对于市场的认识，平心而论，无论是在思想的深度、广度还是理念的系统性以及规范性上，整体上还存在很大的提升空间。

有些事情虽然有难度，但总要有人去做，在普及深刻的投资理念、促进国内投资学说的繁荣上，"终极算法"的大统一框架是一次突破性的尝试。然而市场作为不确定性与局部确定性的混合体，何其庞大，一个人的力量毕竟是有限的，书中难免会存在瑕疵和不完美的地方。"三人行，必有我师焉"，读者朋友中一定有许多才华横溢的有识之士，借此机会，期盼与大家的互动。笔者的微信号是 gwn845112526，欢迎大家与我交流关于本书或者某一个具体问题的建议与思考。毫无疑问，您的智慧和热情，必将令我受益匪浅，也会为《稳定盈利终极算法》的至臻至善助力。

阅读本书的读者若或多或少可以从几处关于投资的观念中感受到共鸣，于我便是无上的喜悦。祝愿本书为投资者带来交易上的成功和进步。

高维牛

2022年9月16日